故事里的
国学经典
04

故事里的《道德经》

王封臣 编著

中国大百科全书出版社

图书在版编目（CIP）数据

故事里的《道德经》/ 王封臣编著. —北京：中国大百科全书出版社，2023.4

ISBN 978-7-5202-0919-9

Ⅰ. ①故… Ⅱ. ①王… Ⅲ. ①道家②《道德经》—通俗读物 Ⅳ. ①B223.1-49

中国版本图书馆CIP数据核字（2021）第026722号

出 版 人 刘祚臣
策　　划 刘　嘉
责任编辑 陈　光
责任印制 邹景峰
插　　画 杨东佳
封面设计 今亮后声 HOPESOUND pankouyugu@163.com · 王秋萍
出版发行 中国大百科全书出版社
地　　址 北京阜成门北大街 17 号
邮　　编 100037
网　　址 http://www.ecph.com.cn
印　　刷 北京汇瑞嘉合文化发展有限公司
开　　本 880 毫米 ×1230 毫米　1/32
字　　数 106 千字
印　　张 5.375
版　　次 2023 年 4 月第 1 版
印　　次 2023 年 4 月第 1 次印刷
定　　价 48.00 元

目录

01

六祖的指月之喻

道可道，非常道。名可名，非常名。

“道可道，非常道。名可名，非常名”这句话到底在说什么？说了一个大道理！什么样的大道理呢？越是真理越没有办法完全正确地用语言来表达。也就是说，你一旦去解释“道”，解释这种真理，那肯定比起真理它本身要欠缺很多。在你解释的时候，就损失了很多的信息，或者说，你解释出来的跟这道、跟这真理之间有一定的差距。那要在哲学上，我们可以说真理是第一义的，那么你一旦说出来的话，一旦解释出来的东西，马上就会落入第二义，与第一义是有偏差的。在许多部佛经里面，佛陀就有一个著名的三段论：“佛说一切，即非一切，是名一切。”跟《道德经》的这句话的意义是相通的。

可能，很多人会说：“老师，我们还是没听明白，越听越糊涂，什么叫‘佛说一切，即非一切，是名一切’呢？”

举一个简单的例子，比如说，什么叫房子？词典上给出了一个定义：只供人类居住，从事社会活动或供其他用途的建筑物。它一解释，这个“解释”跟房子就有所偏差了。比方说，我的这个房子是个烂房子，它没有顶，它已经不能供人类居住了，已经不能够供人类从事社会活动了，那么你说它是不是房子呢？它是房子，它只不过是个烂房子。

那我们再举个例子，比如中医里有切诊，就是号脉。我们的脉象就分很多种，有浮脉，有数（shuò）脉，有滑脉，有紧脉，等等。那什么叫浮脉呢？我们看，医书上给出解释了。什么叫浮脉？如水浮木，一按就沉，一松就浮起来，就这么一个感觉，这种脉象叫浮脉，它有标准吗？没标准，它没有数字上的标准，没有说这种脉的力度要达到一个多少值，它就叫浮脉。它完全是要凭你的感觉，这种感觉是只可悟，不可言，这就是“道可道，非常道。名可名，非常名”。我给你解释的“如水浮木”的这么一个感觉的就叫浮脉，是我硬给它加了一个浮脉的名字而已，我是为了容易表达我这个意思，但是你千千万万要明白一点，我一旦说出来，它肯定与我想表达的真实的意思有一定差距。

在我国佛教史里，有一位伟大的人物，这个人就是禅宗的六祖慧能。禅宗在中国的思想史、文化史、哲学史上都占有很大的地位，它的发扬光大者就是六祖慧能。慧能大师佛法高深，但是大家可能不知道，六祖慧能居然是一个一字不识的文盲。

有一次，有一个叫无尽藏的老尼姑来向六祖请教，拿了本经书，说："慧能大师，你能不能给我讲解讲解？"

慧能大师看了看，说："对不起，我不识字。"

"啊？"这老尼姑一听，"你不识字，怎么能修习佛法呢？"

这个时候，慧能就给老尼姑打了一个比喻，这个比喻就是有名的"指月之喻"。当天是个晚上，慧能伸出个手指头，指着天上的明月，就对老尼姑说了："如果把明月比喻成真理的话，我这个手指头指着它，这个手指就如同经书上的文字，你通过文字可以领略到真理。但是你别忘了，文字并不等于真理，而要想到达真理，也未必非得通过文字。就如同，你要想看到明月，你未必非得通过我的手指，你抬头也可以看，你拿脚还可以指，拿个小棍也可以指，所以真理和文字没有必然的关系，只不过世人为了更好地解释这个大道，他不得已采用了文字而已，不过你千千万万不要认为文字就是真理，把两者等同了，那就错了，真正的真理，是不可说，不可讲的。"这就是"道可道，非常道"。

【经典原文】

道①可道②，非常道③。名④可名⑤，非常名⑥

——《道德经》第一章

【字词注释】

① 道：道理。

② 道：言说。

③ 道：构成宇宙的实体与动力的大道。

④ 名：具体事物的名称。

⑤ 名：称谓，作动词用。

⑥ 名：老子特有的术语，是称“道”之名。

【参考译文】

可用言词来表达的道，就不是常道；可用表达出的名，就不是常名。

02

茶师和武士

弱之胜强，柔之胜刚。

话说在古代日本，有那么一位茶师，一手的好茶艺。他跟着一个主人，天天为这个主人沏好茶。有这么一天，主人要去京都办事，但是舍不得茶师，每天爱喝茶嘛——“干脆，我带着你，咱们主仆二人一同前往。”

茶师一听，眉头皱起来了：“主人，我害怕。”

“你怕什么呀？”

“听说，外面现在浪人比较多。日本浪人有名啊，挎着刀，撇着嘴，十个不服八个不忿的，老在街上这么逛荡。你说我要碰到他们找我的事儿，我又不会武术，碰到这些浪人，我估计得吃亏。”

主人说了：“这没关系，我给你出个好主意。什么好主意呢？你也去街上买那么一身武士的服装，也佩上一把刀，把自己装扮成和武士、浪人一个模样。你在街上也撇着嘴横着走，十个不服八个不忿的，你在那里也耀武扬威。人家一看你也是武士，你也是浪人，也佩把刀，就没人敢惹你了。这样，你还怕什么浪人？你跟他们一样了。”

“对，您这个主意太对了，我马上就去买。”

于是，这茶师就买了一身武士的服装，也佩了一把刀，把自己也打扮成一位日本武士模样，跟着主人就进了京都了。

到了京都，跟着主人办了好几天的事儿。结果，有一天，主人要独自外出，就把这茶师留客栈里了。茶师自己待着无聊，怎么办呢，出去溜达溜达吧，玩会儿吧。他还是穿了一身武士的服装，带着东洋武士刀，撇着嘴就出去了。结果刚出门不多久，一拐弯，迎面碰上一位浪人。这浪人比他还横，也佩着刀，也晃着身子正往前走呢，两人正好碰面。这浪人一看，对面也来了一个浪人，这嘴撇得比自己还厉害。

“哎哟嗬！看来你也是一位武士？”

这茶师咬着后槽牙愣装武士：“不错，我也是武士！”

“嗯，那太好了，我今天要向你挑战！”说着“歘”，这位浪人就把东洋大刀给拽出来了，要跟茶师比武。

哎哟，妈呀！茶师吓得赶紧解释：“对不起，这位先生，这位武士，我不是武士。你别看我带着武士刀，穿着武士的衣服，我这就是装行。我根本就不会什么武艺，不是什么武士。”

这个浪人一听，更不依不饶了：“这样更不行。你既然不是武士，为什么穿着武士的服装，打扮成武士的模样，连这武士风范都一样？不行，我一定要和你比武，来教训教训你！”

“啊？”这茶师一听撇了嘴了，怕什么来什么，我就怕遇到武士，我装扮成武士，没想到这武士找我麻烦来了。“这么着吧，我接受你的比武挑战，但是我现在有事，我主人委托我要办一件事情，我还没有办完。这么着，等我为我主人办完事情之后，咱们今天下午再在这个地方进行决斗，你看如何？”

浪人一听：“那好！今天下午在此，不见不散！”

“好，好，不再不散，回见，回见了您哪。”这茶师跑了。跑什么地方去了呢？一看旁边有个武士训练馆，他跑进去了。跑这儿干吗呢？找武士教练去了。他拉住教练到一没人地方，诚恳地向人家讨教：“老师，我想知道作为一个武士，怎么死去才是最体面的？”

这教练一听，把眼瞪大了。怎么的？到我们武馆来的，都是向我求教怎么杀别人的，没一个向我求教怎么去死的，看来这个人有来头：“你为什么要知道自己如何死得体面呢？”

“咳，别提了。”

这茶师就把自己装扮武士，碰到浪人，要求比武的事情如实地告诉了教练。

“一比武，我肯定死，既然左右是个死，我就选择一个死得体面的方式呗。”

教练一听乐了：“您是个茶师？”

“啊。”

“那您一定懂茶道了？”

“那当然了。”

“您能不能给我表演表演茶道？”

“可以，你这有器具吗？”

拿过来茶具，这茶师这下子成行家了，往那一坐，气定神闲，神态自若，一招一式非常娴熟，让所有在座的人根本就没感觉到这是一个行将就死之人。

演习完茶道之后，教练喝了一口茶。“嗯，”把头点了点，就对这茶师说，“你不必求死了，我可以教你一招出奇制胜的办法。”

“哦，”茶师一听，“那敢情好，那我应该怎么做呢？”

“你只需用你泡茶的心去面对浪人，就可以了。”

茶师绝顶聪明，立刻就领会了教练的意图，于是就回去了。

到了下午，浪人如约而至，茶师也按时到达了约定地点。这浪人比上午那会儿更牛了，嘴撇得更厉害了，手拿着东洋武士刀。

“你的，拔刀吧，咱们俩在这里要决战，不是你死啦死啦的，就是我死啦死啦的。”

这茶师面对这气势汹汹的浪人，心里记着教练告诉他那话，微微一笑，就用泡茶的心态来应对这浪人的挑衅。就见茶师很优雅地把帽子摘下来了，放在身旁，然后慢慢地把自己外套给脱下来了，不慌不忙，一层一层叠好喽，也放在身旁，然后又把内衣的袖口挽了挽，把裤腿扎了扎，把鞋提了提，把脖子扭了扭。他有条不紊，不慌不忙，在这里整装待备。

这浪人越看越恐惧。“坏了，坏了……”怎么呢？“今天遇到的肯定是一位武艺高强的对手。你看看人家气定神闲，对自己，人家毫无慌乱，这要是平常我跟别人动武，人家肯定冲过来向我砍了。这位不冲过来，一点一点整理，这只有高手才这样，人家高手根本不用什么冲啊杀啊的，你往前一冲，人家高手伸一手指，‘叭’就把你点那儿了，那才叫高手！嗯，眼前这位就是高手。”

茶师这个时候，浑身已经整束完毕了，这才慢悠悠地拿起武士刀，神态镇定。就见茶师把这刀一举，这刀都没出鞘，看着浪人：“咱们开始比了。”

“哎呦，”浪人吓得扑通一下子跪倒在地，“大师，我认输了，您是我见过的最伟大的武士。我，我，我向你投降！”

【经典原文】

弱之胜强，柔之胜刚。

——《道德经》第七十八章

【参考译文】

弱能胜强，柔能胜刚。

03

南隐禅师和柳下惠

和其光，同其尘。

在日本的明治时期，有位著名的南隐禅师。有一次，一位研究禅学的教授来向他请教什么是禅。南隐禅师没说别的，拿过来一个空茶杯，放在教授面前，然后提起茶壶，给教授倒茶。教授一看南隐禅师挺客气，那给自己倒吧，“哗……”茶水往下一流，一会儿工夫，这茶杯就满了。但是，南隐禅师好像没发现似的，仍然往这杯子里倒茶。你想想，茶杯里的茶都已经满了，再往里注茶水，那还不溢出来？“咕噜咕噜……”流得满桌都是。

教授赶紧说：“够了，够了，杯子满了，你没看这茶水已经溢出来了吗？你别别别再倒了。”

南隐禅师听到这里，这才停下来，把茶壶往旁边一放，微微一笑说：“你就像这个杯子，头脑里面装满了你对禅的看法和想法，但是现在你却要问我什么是禅？如果你想让我说如何是

禅，你得先把自己的杯子空出来。你杯子是满的，我怎么再往里倒茶呢？”

这就说明一个道理，“有器则有形”，只要是一个器皿它就有它的形状；“有形则有容”，有这个形状，有这个形器，它就有容量；“有容则必盈”，只要这个器皿有容量，它一定有满的时候，有溢的时候。而宇宙之间的大道，它“不器”，它不是个器皿，所以它能够容万物而无形，这就是“道冲而用之，或不盈。渊兮似万物之宗”的道理。

咱们再说一个人，这个人叫柳下惠。柳下惠在中国可是一个大名人，但是他其实并不姓柳，他姓展，叫展获，字禽，又叫展季。“柳下”，有人说是他的食邑，就是他的一块封地。有的说是他居住的地方，因此为号。“惠”是他的谥号，不过这个谥号不是国家赋予的，据《列女传》上说，惠是由他的妻子倡议给他的一个“私谥”。

柳下惠出身鲁国公族，始祖公子展，是鲁孝公之子，也就说柳下惠是鲁孝公的五世孙，是鲁国的一位贤大夫，曾经为鲁士师。士师就是掌管鲁国贵族狱讼的官员，换咱们现在话来说，就是大法官。《论语》里就有他做“鲁士师”的这么一个记载。

据说柳下惠做法官的时候，多次被罢官。有人就劝他说：“你不可以离开鲁国么？你还在这干吗呢，老是被罢官？”

柳下惠说了：“如果我讲原则，坚持直道待人，跑到哪里去都一样，都会被多次罢官；如果说我不讲究原则，耍滑头地工作，那我为什么非要离开我的国家呢？”柳下惠的意思，像我这样正直的人，跑到哪里都得不到好，我又何必跑呢？所以柳下惠的品德是高尚的，我宁肯在祖国受委屈，但我也要把这一腔热血洒在我的父母之邦。于是他就隐居了，当时人们就把这种隐居山林的贤士称为“逸民”。

孔子对当时和之前的一些著名的隐士进行过评价，他曾经说：“不动摇自己意志，不辱没自己身份，跟这官府彻底不合作的，既不屈服也有尊严，最为高尚的是伯夷和叔齐。”又说柳下惠，“他是一个不肯走也绝不肯去死，言行合法度的值得称赞的人。”总之，孔子对柳下惠的评价是很高的。《孔子家语》中就记载了孔子称赞柳下惠：“孝恭慈仁，允德图义，约货去怨，轻财不匮，盖柳下惠之行也。”

《孟子·万章下》曾经有这么一句话，说：“柳下惠，圣之和者也。”就称柳下惠为“和圣”。又把柳下惠和伯夷、伊尹、孔子，并称为“四大圣人”。可见柳下惠在儒家的地位是十分重要的。

《孟子·万章下》还说：“柳下惠不羞污君，不辞小官。进不隐贤，必以其道。遗佚而不怨，厄穷而不悯。与乡人处，由由然不忍去也。”什么意思呢？就是说柳下惠这个人，他跟当官的也谈得来，跟那些农夫山野的村民也谈得挺欢。

最著名的还有一个柳下惠的“坐怀不乱”。

说在一个寒冷的夜里，柳下惠夜宿于城门，结果碰到了一位无家可归的美女。天太冷了，柳下惠怕这美女冻死，怎么办呢？把外衣一敞，让美女坐他怀里，两个人就这么一起坐了一夜。这柳下惠正人君子，思想纯正，坦坦荡荡，这就是有名的“坐怀不乱”的典故。这就是“和光同尘”，所以孟子说这柳下惠是四大圣人之一。

【经典原文】

和其光，同其尘。

——《道德经》第四章、第五十六章

【参考译文】

混合各种光彩，混同于尘世。

04

三个王子的故事

报怨以德。

说很久之前，有一位年老的国王，眼看着估计自己活不了多久了，那应该把王位传给哪个儿子呢？国王一共有三个儿子，都很优秀，选起来特别为难。于是，国王这一天把三个儿子都叫到跟前，就说了："我年岁大了，决定把王位传给你们三兄弟当中的一个，但是传给谁呢？我要考验考验你们。你们三个从现在开始，都给我出去，到外面去游历一年。一年之后回来告诉我，你们这一年在外面都做了什么事，做过最高尚的事情是什么？你们仨兄弟都说一说，哪个人做的事情最高尚，我就把王位传给他。"

"那行吧。"兄弟三人告别了父亲，就到外面游历去了。

简短截说，一年之后，这三兄弟又回来了。三位王子见到国王，都要给父亲说一说自己这一年在外的收获。

大王子先说了："父王，我这一年在外面游历收获颇丰，但是要说我在外面干过的最高尚的事情，就这件事情——我曾经在路上遇到一个陌生人，这个陌生人特别的信任我，于是就托我把一口袋金币交给他住在另外一个镇子上的儿子，我就答应了。于是，我游历到那个镇子上的时候，我就把这一口袋金币原封不动地交给了他的儿子。"

"哦，"国王听完，手捻须髯点点头，"我的孩子，你做得很对，你这就叫诚实。但是，诚实是你做人应有的品德，不能够称得上是高尚的事情，做人最基础的底线就得是诚实，诚实没有了，还能称其为人吗？你这个不算高尚。老二，你说说。"

"哎，"这二王子说话了，"父王，我在外面游历一年，也收获很多。让我印象最深的最高尚的事情，是我游历到一个村庄，正好碰上一伙强盗在那儿打劫。当时一看强盗正在抢人财物，我怒不可遏，抽出腰刀，大吼一声就冲上去了，帮着村民把那伙子强盗给赶跑了，保护了他们的财产。我认为这件事是我这游历一年做过的最高尚的事。"

"嗯，"国王点点头，"老二，你做得也很好。但是救人是你的责任，你是国家的王子，遇到老百姓遇难了，见义勇为本该如此，这也称不上是高尚的事情。老三，你这一年碰到什么事了？"

"哎呀，"这三王子挠了挠脑袋，想了半天，最后犹犹豫豫地说，"父王，我也没遇到什么事，我就想起一件事来。我有个仇人，这个人他千方百计地想陷害我，有好几次我就差点死在他手上了。就在我游历这一年当中，您说多巧，要么说冤家路窄呢。有一天晚上，我独自骑马走在一个悬崖边上，正巧发现，我这个仇家正睡在一棵大树下，如果说我当时轻轻走过去，动一根手指头，往下这么一推，他就立刻掉下悬崖，那肯定摔个粉身碎骨。但是我琢磨来琢磨去，觉得不能够这么做。于是，我走向前去，把他给叫醒了。我告诉他，你睡在这个地方很危险，并且劝告他，赶紧继续赶路吧，别在这个地方待着睡觉了，走到安全所在再去睡觉。然后，我就骑马走了。

“后来过了一段时间，有一次，我路过一个地方，面前一条大河挡路。我下马正想过河，突然间‘啊呜’一声，从旁边密林当中跳出来一只斑斓猛虎，张牙舞爪向我扑来，要伤害我。当时我还没带兵刃，眼看要命丧虎口，正这个时候，我的仇人从树林当中赶过来了，一刀就结果了老虎的性命，把我给救了。当时我就问他：‘你过去千方百计地要害我，为什么现在要救我的命？’我这仇人就说了：‘是你救我在先，你这种以德报怨，让我特别惭愧，同时，也化解了我心中的仇恨。’

“这件事情发生过去之后，我觉得特别舒服，但是我也觉得它也算不上什么大事，跟这高尚吧，好像也沾不上什么边儿。所以，我思来想去的，也想不出其他事来。”

国王听到这里，面带严肃：“孩子，千万不要这么想。能帮助自己的仇人，是一件高尚而神圣的事。来，孩子，你做了一件高尚的事情，从今天开始，我就把王位传给你！”

【经典原文】

报怨以德。

——《道德经》第六十三章

【参考译文】

用德来报答怨恨。

05

黄石公园的麋鹿群

天地不仁，以万物为刍狗。圣人不仁，以百姓为刍狗。

《道德经》又叫《老子》，是道家学派的一部重要著作。道家学派，是中华传统思想当中一个重要的流派，它和我们常见的儒家学说截然不同。你看我们看到的《论语》《孟子》，包括我们日常在学习当中，我们的师长教导我们的，基本上是以儒家为主的这种教导思想——让我们好好学习，天天向上；让我们遇到困难，要想方设法克服困难，迎难而上、知难而进，没有过不去的火焰山。但是有的时候，道家学说不这么告诉我们，道家会告诉我们：算了吧，有一些事情，你该低头的时候要低头，该走弯路的时候要走弯路。人生在世，面对这个世界太复杂了，遇到的问题也多种多样，有的时候硬碰硬，两败俱伤，你也得不到什么好，对方也得不到什么好。相反来说，你别那么硬，以柔克刚，有可能这件事就能办好。儒家教导我们——男子汉大丈夫要有所为。而道家教导我们——男子汉大丈夫要懂得有所不为，有的时候，不为才是有为，消极更是积极。

可能有人说了："我听不懂啊，怎么消极还是积极，不为还是有为呀？"

咱举个简单的例子：一个老人已经九十多岁了，突然间发现在他体内长了一个恶性肿瘤。这个时候，医疗方案有两种，一种叫积极的医疗方案，那就是给这老人开刀做手术；另外一个方案叫保守的方案，也就是消极的治疗方案，那就是吃点药调养调养就得了，就别给他开刀了。那这个时候，我们是该采取积极有为的治疗方案呢？还是采取消极无为的治疗方案呢？我们一般认为这个时候，我们应该采取消极无为的治疗方案，因为按照积极有为的治疗方案，给这九十多岁老人开了刀，他有可能下不了手术台。反倒我们采取消极的保守的治疗方案，慢慢地调理。这老年人嘛，年纪也大了，癌细胞增长的速度也慢了，有可能还能多活几年。这不就是消极的反倒是积极的，无为的反倒是有为的道理嘛？

所以，道家有的时候非常的"冷酷"，但冷酷的背后，却是一种大智慧。他反对你折腾，反对你没事找事，反对你自以为是。比如我们经常认为：我们应该同情弱小，要保护弱小动物、弱小群体，但道家恰恰不这么认为。道家说"天地不仁，以万物为刍狗。圣人不仁，以百姓为刍狗"。天地间的大道是超越仁义爱憎的，正是因为超越了这种仁义爱憎，正是因为它的不仁，万物才随其自然，能够源源不绝、无穷无尽，永远不会枯竭。圣人也是如此，他不会刻意地去爱护某一部分人，而是让所有的人遵循自然大道、自然法则，自由地生活，自由地调配，这才是圣人之道。

那位说："对吗？"我们举一个简单的例子：

在 20 世纪，黄石公园采取措施保护麋鹿群。那个地方有麋鹿，麋鹿是宝贵动物，但也有天敌，谁是它的天敌呢？狼群。这狼老爱吃这麋鹿，为了保护麋鹿，人们觉得这狼不是什么好东西，干脆把这狼给杀了吧，这么一来，你看人类多仁爱，多仁慈。于是，稀里哗啦就把这狼几乎给杀光了。

那么这么做是真的办了好事？真的仁慈了吗？结果没过多久，人们发现，坏了！由于麋鹿失去了天敌，于是大量繁殖，那麋鹿群越来越多，需要的食物也越来越多，最后周围的白杨树全被麋鹿给啃光了，地上刚长出一棵小树苗，就被麋鹿给啃了。结果呢？眼看着这一带的树林，马上就面临灭绝的危险，怎么办？

1995 年，黄石公园不得已从外面又引进了 14 只狼，一年之后又引进了 17 只狼，这么一来，麋鹿的数量五年内下降了 50%。你别看麋鹿数量下降了，质量却提高了，跑得也快了，也机敏了。为什么呢？有天敌了，跑慢了被狼"咔嗤"一口，把屁股咬了。这么一来，狼也能吃饱了，麋鹿也能够有足够的食物了，自然的生态系统也恢复了，杨树也得以延续了，这不就是自然大道吗？

所以，如果我们看到一只老虎在追捕一只小羊，那我们应该怎么做呢？如果按照“圣人不仁”的标准，在大自然，我们看到这种情况，我们就应该听之任之，不能以我们人类自己的意志去干涉自然的规律。所以道家认为、老子认为，真正的圣人是无爱的，无爱就是大爱，不仁就是大仁，虽然看似残忍，但它背后是不是透露出那么高深的智慧呀？

【经典原文】

天地不仁，以万物为刍狗[1]**。圣人不仁，以百姓为刍狗。**

——《道德经》第五章

【字词注释】

① 刍狗：祭祀时使用的草扎成的狗。

【参考译文】

天地无所偏爱，看待万物都一样如草狗一般。圣人无所偏爱，看待百姓都一样如草狗一般。

06

西班牙由盛转衰

多言数穷，不如守中。

任何事物都是盛极而衰，怎么能够经久不衰呢？那就得守在中间，永远保留着向上的空间，永远不要做得最极致，对一个人来说是如此，对一个国家来说也是如此。

就拿西班牙来说吧，那可是16世纪世界上最强大、最富有的国家。哥伦布发现新大陆，以及之后在非洲发现的黄金，使当时海外财富源源不断地流入西班牙。据统计，在1521—1600年这几十年间，西班牙海军从海外运回国的黄金就达200吨，白银达18.6万吨。到16世纪末，世界贵金属开采中的83%都为西班牙所得。虽然当时咱中国还处在大明王朝时期，大明王朝的GDP那是全球第一。但是，如果说起人均财富，那咱中国的国民生产总值用人一平均那就不行了，咱们人多啊。西班牙则是当时世界上人均财富最高的国家。

但是，西班牙一发了财，国家财富达到顶峰的时候，这些从殖民地掠夺来的横财也在慢慢侵蚀着西班牙人的勤勉精神。

当时西班牙流行起了一股轻视实业的风气。1675 年，有个西班牙人就十分地豪迈地说了一番话："让伦敦满意地生产纤维吧；让荷兰满意地生产条纹布吧；让西印度群岛满意地生产海狸皮和驮马吧；让米兰满意地生产织锦吧！唯一可以证明的是，所有的低地国家都在为我们的马德里训练熟练工人。而马德里是所有议会的女王，整个世界都在仰望着她，而她无须为任何人服务！"这番豪气冲天的话语背后流露出骄傲感，很快就被证明是虚妄的。

有了那么多的钱，该怎么花呢？西班牙就开始大量采购奢侈品。正好，1573 年明朝开放了海禁。当时明朝使用白银作为本币，而明朝本身的白银产量极低。但是西班牙有银子呀，白银产量极高，上文讲过，有 18.6 万吨。而且西班牙贵族们又对中国的奢侈品，像什么瓷器、茶叶、丝绸等，非常感兴趣。哦，瓷器也是奢侈品？那绝对是的！当时西班牙需要咱们的瓷器、茶叶，购买、收藏咱们的瓷器，咱们需要它的银子，两者一拍即合。这么一来，西班牙人的白银开始源源不断地流入大明王朝。那时西班牙占据了菲律宾，先把白银运到菲律宾，然后再与大明开展贸易。

当时，有一个人给西班牙国王写信说："每年从菲律宾岛得到的 200 万比索，均流入中国人手中。"据统计，当时每年从菲律宾流入咱中国的白银，大概在 100 万—150 万两之间。1571—1644 年，大约有 6294 万两白银从西班牙流出。按照当时明朝的度量衡，基本上是二两折合咱们现今的 37.3 克，那 6294 万两折合成现在的白银就是 23496 吨。

明朝隆庆五年（1571），大明王朝的国家税达到了 250 万两白银。到了万历二十八年（1600），国家财政收入是 400 万两白银。当时大明可以说是世界上财政收入最高的国家。西班牙每年从大明买奢侈品的白银，就能达到当年大明财政收入的 25%。可以说，当时咱们大明从西班牙那里赚的钱海了去了。

问题在于，西班牙不仅从中国购买奢侈品，还从欧洲其他国家大肆购买奢侈品，甚至从敌对国家比如英国那里买奢侈品。西班牙权贵热衷于拥有纯种的英国马，视为尊贵身份和绅士风度的象征。当然，现在中国也有很多人热衷于购买纯种马，一匹马的价格动不动就是以百万元为单位来计算的。那时候的情况，比现在有过之而无不及。但是西班牙的富裕，并不是全民都富裕，全国的财富尤其是土地，大量掌握在贵族和高级教士手里。虽然他们只占当时的人口 2%，但却拥有 97% 的土地。这么一来，大量金银输入西班牙，给西班牙权贵带来丰厚的财富，但是给西班牙的老百姓带来的却是无穷无尽的苦难。长此以往，西班牙由盛转衰也就在意料之中了。

首先引发的是通货膨胀。你想，能做货币的金银一下子增多了，也就意味着不那么值钱了，于是物价就上涨了，先是农产品，再往后是工业品。到了16世纪末，西班牙的物价平均上涨了四倍多，股价上涨了五倍多。这么一来，他们生产各种产品的成本就高了；成本一高，那西班牙产品价值就高；价值一高，在国际市场上就没有竞争力了，其他国家都不买西班牙产品了。在西班牙国内，又处于物价上涨速度超过了普通人的收入增长速度，结果广大民众也买不起各种产品了。就这样国内市场日益狭小，内销不行，国外根本没市场，你说这西班牙老百姓还能活得下去吗？

其他国家一看西班牙国内产品那么贵，那干脆咱们走私点东西吧！一时间大批走私物品涌入西班牙，冲击了西班牙的国内市场，西班牙本来就弱小的工商业造成了沉重的打击。老百姓一看没法活了，造反吧！各地一起义，西班牙贵族就开始暴力镇压，到处打仗。这一打仗，不仅破坏了自己的出口贸易，而且打仗得花钱，战争费用的增长远远超过了国家收入的增长。那没钱怎么办呢？借贷吧，西班牙国王就不断地向银行家们借款，充当军费。但是，人家银行家也不傻，你越是借，他们给的贷款条件、借款条件就越苛刻，王室的信用也逐步降低，利息是越借越高。这借来借去，一看，好家伙，国家收入的大部分就只够还债务利息，别说本金了，你说西班牙这国家还能撑得住吗？1557年、1575年、1597年，西班牙政府都宣布过国家破产。

但尽管国家多次破产，美洲源源不断运来的白银和黄金，还是让西班牙人很满足，感觉没什么大不了。结果这个时候，世界发生剧变了。1588 年英国海军打败了西班牙无敌舰队之后，取得了大西洋的制海权。这时，西班牙还傻乎乎地盯着地中海呢。最致命的是，矿产资源不是无限的，17 世纪 30 年代，西班牙最大的宝库——墨西哥的银矿产量极速下滑。到这个时候，西班牙王室才如梦方醒，宣布禁止白银流出，但为时已晚，西班牙人不仅把银子花光了，还背负了一亿金币的外债。一直到今天，西班牙仍然严重缺失制造业，房地产业、旅游业是西班牙的支柱。

【经典原文】

多言[①]数[②]穷，不如守中[③]。

——《道德经》第五章

【字词注释】

① 言：声教法令。

② 数（sù）：通“速”。

③ 守中：持守虚静。中，通“冲”，指内心的虚静。

【参考译文】

政令烦苛而加速败亡，不如持守虚静。

07

李光弼与郭子仪

天长地久。天地所以能长且久者，以其不自生，

故能长生。是以圣人后其身而身先，

外其身而身存。非以其无私邪！故能成其私。

在唐朝有一段著名的历史时期，叫“安史之乱”。这安史之乱来的迅速来的猛烈，好悬没把大唐朝给折腾翻了，幸亏朝廷大军后来平定了安史之乱。平定安史之乱有两位杰出的功臣，那就是郭子仪和李光弼，二人齐名。虽说齐名，但您去中国民间老百姓中打听打听，知道郭子仪的要比知道李光弼的多，也就说郭子仪的名气要比李光弼大得多。但是，我们再翻阅历史，看当时真实情况，论战功、论军事才能，李光弼都要胜郭子仪一筹，李光弼那才是平定安史之乱的主帅。《新唐书》上给过评论，说李光弼和郭子仪齐名，世称“李郭”。论战功，李光弼则是唐朝“中兴第一”，给了四个字，是“再造唐朝”的第一功臣。

有朋友可能就纳闷了，既然李光弼功劳那么大，比郭子仪要高出一筹去，那为什么李光弼的名声反倒不如郭子仪呢？而且我们如果翻看历史，李光弼最后的下场很惨，也远不如郭子仪家族昌盛繁荣。我们知道中国民间评价郭子仪四个字“福禄寿考”。咱们中国人都有追求福气的一种愿望，这些福气分为福、禄、寿、考等，家里常挂着三星图——福星、禄星、寿星。福，就是要有福气、子孙满堂，和和美美；禄，有官运，职位高，身份高，有钱，这叫禄；寿，长命百岁，长寿。过去人说福禄寿一个人很难占全。那考呢？考就是寿终能正寝，能活到天年，自然的死亡，不受什么罪。福、禄、寿、考这几个字，能占全的几乎没有，唯独郭子仪被公认为这四个字全占全了。

那为什么郭子仪的运气就那么好呢？这里面就有一个问题，问题就出现在宝应二年（763）。要说明白这个问题，咱还得往前倒那么一年。就是宝应元年（762）。这一年，大唐朝廷以李光弼平定安史之乱之功，封李光弼为临淮郡王，驻地徐州。你别看是王，其实明升暗降，大唐的朝廷被安禄山、史思明这些节度使给弄怕了，就怕这个手握兵权的将军。李光弼平定安史之乱不假，但是在平定过程当中，他掌了兵权了，手底下也有兵，万一他反了怎么办？干脆我给你封个王，然后把你的兵权给夺了。你吃点喝点，给你点钱没关系，只要你手里别有兵就行。那李光弼自然非常不痛快，你们这叫什么事儿？卸磨杀驴，念完经就打和尚！这简直是岂有此理，非常生气。

转过年来，宝应二年，吐蕃趁着大唐空虚，觉得有机可乘，就攻入关中，占领了长安，把唐代宗给吓跑了，逃到了陕州，赶紧下旨，诏李光弼和郭子仪："你们这两个再造唐朝的功臣，赶紧地赶赴陕州，快来救驾啊，我被他们欺负惨了！"

这旨意发出去，李光弼接到了，一看："怎么样，怎么样？没事的时候，一脚把我给踹开，觉得我没用了，夺我的兵权；现在又有事了，又把我给想起来啦，我不去！不去不去就不去！我看着你倒霉！"李光弼赌气。

那你不去得有理由哪，朝廷召你了，皇上传你了，你说不去就不去了？这李光弼有理由，说："我这徐州的麦子熟了，我得先把这麦子给割了，为什么？我出兵得有粮草，那士兵吃什么呀，就靠吃这麦子。等有粮食了，这才敢出征，所以先收割完了麦子，我再去勤王。"他在这儿拖延了。

再说郭子仪，其实他跟李光弼也是同样命运。宝应元年，安史之乱还没彻底平定，朝廷就兔死狗烹了。当权的大太监程元振认为郭子仪功高难治，就巧施了一个离间之计，奏准罢免了郭子仪副元帅之职，把郭子仪打发做建筑去了，督工建造肃宗的陵墓："你呀修坟去吧。"郭子仪被彻底削夺了兵权，还不如李光弼呢。

这个时候，唐代宗急召郭子仪勤王。郭子仪傻了，怎么？我倒愿意去勤王，但我身边有几个人呀？赶紧把家丁集合报数，一、二、三、四、五、六……这一报，也就几十人儿。这家丁都说了："老爷，就咱们这几十个人，还打什么仗，勤什么王？咱甭去了。"

"不，"郭子仪说了，"朝廷有难，皇上危急，急召我赶紧地去勤王，我焉能不管？咱有几个人就去几个人。快！拿刀的拿刀，拿枪的拿枪，赶紧地武装起来。"

"老爷您看，我们哪来的刀枪？都给收走了，我们就有耙子、铁锨。"

"那也给我扛着，咱就拿这勤王去！"

"好。"家丁赶紧地武装起来吧。

郭子仪就带着这几个家丁去勤王了，一点也不计较之前朝廷对自己的刻薄寡恩。

郭子仪接到诏令就立刻出发，一路走，一路招兵买马，就招揽一些民兵来补充队伍。一路南下，一看，好家伙，前线败退下了很多的逃兵败将，全让这郭子仪给敛吧了，整编！到了武关，又收编了驻关防的部队，凑了几千人。后来总算郭子仪碰到了旧日的部将张知节，张知节听说老首长来了，赶紧领队迎接。郭子仪隆重地检阅军队，屯兵商州。这下子，郭子仪军威大振。

郭子仪的大旗这么一打出来，吐蕃那面一听："谁，谁来了？"

"郭子仪来了。"

"郭子仪来了！我的天哪，打不过，撤！"连夜溃逃。

郭子仪再次收复两京。

郭子仪打败了吐蕃，获得了勤王头份大功。但再看李光弼，那麦子还没割呢，寸功未得。

后来唐代宗返回长安，再次下诏李光弼入朝，要封李光弼一个东都留守，这下李光弼心中敲鼓："坏了坏了，你看看，要早知如此，我勤王就完了呗。我没有勤王，这皇上还不得恨我，调我入京，再把我给软禁起来治罪？我不能去。"他又推托不去。

因为朝廷两次下诏你都没去，李光弼手底下很多大将，都因此错失了很多立功机会，大家都不满啊："看看，您这首长当的，您再看人家郭子仪那首长当的。人家那打一回仗，好家伙，甭说人家手底下将军了，那扛铁锨的，拿耙子的，那都封了官了。您这倒好，朝廷两次召见您，您都不去，跟着您，我们寸功不建，寸草未得，我们怎么升官呀？"这些大将都有意见了，逐渐地都不听李光弼指挥了。

李光弼这心里还窝火呢，窝过来窝过去，没出两年就气死了，年仅57岁。但郭子仪呢，人家一直高寿到85岁，在那个年代，85岁绝对高寿，得相当于咱们现在100岁，而且后人给郭子仪有一句评价，说郭子仪"权倾天下而朝不忌，功盖一代而主不疑"。你别看那么大权力，人家郭子仪从来不居功，人家从来不做那些出格的事，举国上下，郭子仪享有崇高的威望和声誉，从来没有为自己考虑过，却取得了历史上极少的，咱们说了"福禄寿考"四字俱全的这种绝世名臣的称号。

正是因为郭子仪这种无私，反倒是让自己从自己的无私中得利，而取得了"大私"，这就叫"无私而大私"。

【经典原文】

天长地久。天地所以能长且久者，以其不自生，故能长生。是以圣人后其身而身先，外其身而身存。非以其无私邪！故能成其私。

——《道德经》

【参考译文】

天地长久。天地之所以能够长久，是因为它们的一切运作都是不为自己的，所以能够长久。所以，圣人谦卑、退藏，反而能赢得人们的爱戴。把自己置于度外，反而能保全生命。不正是由于他没有私心吗？反而能成就自身。

08

成功人生的七种境界

上善若水，水利万物而不争。

说有一位年轻的商人，跟朋友合伙做买卖，结果遇人不淑，被这朋友给出卖了，最后落了一个人财两空。这年轻商人是痛不欲生，一时短见，来到湖边，就想跳湖自尽。到了湖边，他发现有一位观水静坐的老者："这个老者不是我们当地有名的智者吗？最聪明的人，我向他叙述一下我的遭遇，看看他有什么方法能够化解我心中的郁闷。"

这人还是不想死？废话，遇到困难就寻死觅活，那才是懦夫的行为。这人就来到智者面前，把自己的境遇给智者诉说了一遍。

这个智者微微一笑："好了，我明白了，你跟我回家一趟。"

"回家干吗？"

"我给你看一样东西，看了这东西你就明白了。"

这商人给闹糊涂了，但是好奇之心人皆有之，那跟着智者走一趟吧。就这么着，跟着智者来到智者家中。智者领着这个商人进入了自家地窖当中。一看，地窖里头存着很多的大冰块，这都是冬天从河里凿出来的，放到地窖里头存着，它不化。到了夏天炎热的时候，拿出来，冰镇西瓜、冰镇酸梅汤，解暑用，就把它当冰箱了。那年代没冰箱，就拿地窖存储这坚冰。智者就对着这个商人指了指一大块坚冰："给我搬上去。"

这商人百思不得其解，但是还是照做了。把这冰搬上去之后，智者给这商人一把斧头，说："你拿这斧子给我把冰砍开"。

"哎。"

这商人抡起斧子，照着坚冰咔嚓就是一斧子，结果这一斧子剁上去，再看冰面上就留下一道细微的白印，没劈开。商人又抡起斧子，"啪！"又一斧子，砸掉一点冰屑。

商人说："这冰冻得太硬了，我劈不开。"

智者微微一笑说："你把冰放在我这口铁锅当中。"

商人一看旁边有一口大铁锅，就把这块大冰放在铁锅当中了，然后智者说："把它架到炉子上去。"

两个人抬着锅，把这铁锅就架到火炉上去了。炉火熊熊，锅里的冰块慢慢地融化，化成水了。智者就问商人："看到没？你从中有所领悟没有？"

商人一点头："我有领悟了，看来我刚才对付冰块的方式不对，我不该用斧头劈，得用火烧。"

智者一听摇摇头："你还是没领悟，你再想想。"

商人面露难色，对着智者深深地施了一礼："您呢，您是个有智慧的人，我是个凡夫俗子。我不明白，请先生赐教。"

智者一看："得了，我也不卖关子了，我想让你看到的，其实是成功人生当中的七种境界。"

"哦，哪七种？"

"你来看，这冰虽然是水，但是却比水强硬百倍，越在寒冷恶劣的环境下，它越能体现出坚固的特性，这就是成功人生的第一种境界，叫百折不挠。水化成气，气看起来是无形的，但是气在一定的范围内会聚集在一起，形成巨力，便会变得力大无穷。比如说天降暴雨，这就是水气所聚而下，那威力多大？这是成功人生的第二种境界，叫聚气生财。水净化万物，无论世间万物多脏，水都能敞开胸怀，无怨无悔地接纳，然后慢慢地净化自己，净化别人，这是成功人生的第三种境界，叫包容接纳。水看似无力，自高处往下流淌，遇阻挡之物耐心无限，若遇棱角磐石，就可把棱角磨圆，也可以水滴石穿，这就是成功人生的第四种境界，叫以柔克刚。水能上能下，上化成云雾，下化为甘霖；会涓涓细流，聚多成河；会从高至低，高至云端，低入大海，这是人生的第五种境界，能屈能伸。水虽为寒物，却有一颗善良的心，从不参与争斗，哺育了世间万物却不向万物索取，这是成功人生的第六种境界，周济天下。水亦可化为雾气，雾虽缥缈，却有着最为自由的本身。聚则成群结雨，化为有形之水，散则无影无踪，飘忽于天地之间，这就是成功人生的第七种境界，功成身退。这就是水的智慧，水的德性，所谓‘上善若水，水利万物而不争’，你明白了吗？”

商人一听：“是呀，我应该跟水学习，我应该学它的能伸能屈，学它的包容万物，我受到这一点挫折又算什么呢？我只需要慢慢地努力，终有一天我能够水滴石穿，水入大海。”

【经典原文】

上善若水，水利万物而不争。

——《道德经》第八章

【参考译文】

最高境界的善行就像水的品性一样，泽被万物而不争名利。

09

澶渊之盟

曲则全，枉则直，洼则盈，敝则新，少则得，多则惑。

很多人都觉得，老子老是说一些看似是悖论的话。可是，要么怎么说老子是智慧的呢？一个事物如果分正反两面，我们一般的人往往会看到这个事物的正面，但是老子则不同，他还会给我们看事物的反面，这就是阴阳关系，事物的正反两面是一个矛盾的统一。还是那句话，有的时候，消极的措施反倒能够顺利地达成目的，但积极的措施反倒是达不到目的，比如我们知道的“过犹不及”“欲速则不达”。你越想快，这事办得越慢了；越办不成，你慢慢地走，一步一步地走踏实了，你看着是慢，反倒是快了，就是这句话的意思。有朋友说我还不明白，那咱们就举个例子。

现在家庭有私家车的已经不算新鲜事了。节假日时，大家都开着出去玩，尤其我们走长途，这公路修的一定不是一竿子捅到底的笔直大道，而是弯弯曲曲，过一会儿就一折，过一会儿就一个弯，是这样的路。那说这样的路不是浪费东西吗？浪费材料，开车浪费油，是不是修路的人脑子有病？这正是“曲则全”的道理。这条路如果修得笔直笔直的，一路上连个弯儿都没有，开车之人容易放松警惕。反正是笔直大道，那有啥？开着车开着车，他一放松警惕，一犯困，一迷糊，这就容易出现事故。反倒是，这路曲曲折折的，一会儿一个弯，一会儿一个折，这开车之人的精神一直紧绷着，注意力一直关注着，他就不容易出事。也就说直了，反倒是容易出事，而曲折了，反倒是能够有利于保全驾驶员的性命。

打仗更是如此了。像我们的长征，红军如果一往直前，一个劲地往前冲，那就钻进国民党反动派布下的口袋阵了，钻进去就全军覆没了。幸亏毛泽东来了个四渡赤水，划了一个大弯，绕着大远，不走弓弦走弓背。你看着绕了一个大圈，走得更远了，走得更累了，但是甩开了敌人，这就是“曲则全”。

宋朝时期的澶渊之盟也是如此。公元 982 年，辽景宗病逝了，他年仅 12 岁的儿子耶律隆绪继续皇位，这就是辽圣宗，他的母亲就是著名的萧太后。

萧太后摄政，当时那些契丹贵族欺负他们孤儿寡母，没有一个服气的，不听话。为了巩固自己的统治，萧太后实行改革，大力提拔汉人来增强自己的实力，又推进汉化政策，但是遭到了契丹旧有的官僚贵族的强烈反对，都喊着叫嚣着要恢复契丹族的旧制，根本不把他们娘俩放在眼里，还要求各个贵族轮流执政，还企图发动政变。

萧太后深知，现在必须彻底解除旧贵族军功集团，才能够坐稳江山。尤其是自己在世的时候，这些老贵族慑于自己威力，还可以把他们压制压制。一旦自己哪一天去世了，就自己这儿子这么大点儿，根本没办法控制他们。这个旧贵族集团都以军功见长，这要是和平了，和平年代还要将军干吗？这些军功集团就会失去根基。现在它的敌对就是宋朝，如果辽宋和解，那这些旧贵族军功集团就失去作用了，他们就是要天天打起来才好。但是怎么和解，宋朝能跟自己和解吗？旧贵族集团他们能愿意和解吗？那为了要和解，那就得打仗。也就是说，战争有的时候是为了和平。

于是1004年，萧太后跟儿子就打着收复失地的名号，进攻宋朝。大辽太后亲自挂帅，领着20万大军，直奔黄河沿岸的澶州，直逼宋朝的首都汴梁。你看那阵势，萧太后好像要灭掉大宋似的，其实不是，因为萧太后明白，必须先恶战一场，这才有求和的资本。果然，宋辽打了一仗，把宋朝打得够惨的，然后辽国又主动先求和，把大宋给乐的，我们就想求和。就这么着，宋辽来了个澶渊之盟，辽宋约为兄弟之国，宋每年送给辽岁币银10万两、绢20万匹。此后，宋辽之间百年间并无大的战事。萧太后也顺理成章地彻底地打压了契丹旧贵族的军功集团。以战求和，这不正是“枉则直”的注解吗？

【经典原文】

曲则全，枉①**则直，洼则盈，敝则新，少则得，多则惑。**

——《道德经》第二十二章

【字词注释】

①枉：屈，弯曲。

【参考译文】

弯曲可以保全，屈就反而伸直；低洼得到充盈，凋敝于是更新；单一因而得到，贪多所以迷惑。

10

宋太祖的敬畏之心

重为轻根，静为躁君。是以君子终日行不离辎重。

虽有荣观，燕处超然。奈何万乘之主，

而以身轻天下？轻则失根，躁则失君。

我们一般会说：一个人在走路的时候，别背那么多包袱；生活的时候，在思想上也别背那么多包袱，应该轻松前进。那为什么老子却说“君子终日行不离辎重”？这又是老子从另外一个角度、另外一个方面来告诉我们的人生智慧。说我们人生走在路上的时候，思想上一定要有一定的辎重，要有一定的压力，如果离开了这个一定的压力的话，人就会轻浮，如果有这一定的压力的话，人就不会躁动，就不会恣意妄为，那这个压力是什么呢?其实就是对所谓的道的敬畏和尊重。我们每一个人都应该心存敬畏之心，如果说你这个人什么都不敬畏了，我们现在有一句话很流行，叫“我是流氓我怕谁”，那我们反过来说，因为你谁都不怕，所以你是流氓。如果这个人没什么敬畏之心了，那什么坏事都能做出来，就没有人能够约束他了。如果这个人再是个领导，在古代再是个君主，那他放纵起来，损失更大。

宋太祖赵匡胤在中国古代这皇帝堆儿里边，应该算是一个不错的皇帝，一个明君，但就是他，也有时候，把自己思想上对道的敬畏这种“辎重”给扔了。

赵匡胤爱用弹弓打小鸟玩。有一次办完公了，作为休闲娱乐，他就在宫中拿着弹弓打树上的、宫殿上的麻雀、燕子这些小鸟。正打着起劲，突然有人来报说：“某个臣子说有急事要求见你。”

赵匡胤说：“有什么急事？有什么事明天再说，我今天休闲呢。”

“哎。”这报事的回去了，时间不大，又来了：“陛下，他说必须得见你，说这事十万火急。”

赵匡胤一看，那不能耽误了，十万火急的国家大事，这了不得，马上接见吧。就把那个臣子叫到面前，说：“你有什么事？”

这臣子就向赵匡胤汇报了，这一汇报东拉西扯，张家长，李家短，三个蛤蟆八只眼，反正就扯起没完。总而言之扯了半天，虽说也是一些政务，但并不是什么急事，并不是什么十万火急的、火急火燎的、不办就不行的事。

赵匡胤听着听着就烦了。怎么？就你这事儿还是急事啊？

火急火燎得让我召见你，我玩得正高兴哪，全让你把我的兴致给败坏了，可恶！“别说了，别说了，别说了……”赵匡胤就把这个臣子给打断了，“你刚才不是说有什么急事吗？我听完之后，你也没什么急事啊。”

按说，皇帝一责问臣子，做臣子的你赶紧道个歉：对不起，陛下，确实我这事也不大，我刚才有些失礼了。不就完了嘛。

但是这个大臣非常耿直，把脖子一梗梗：“我没有什么急事？我的事再不急也是正事，是正事也比陛下您打鸟急！”

“呀。”赵匡胤一听，好家伙，指责起我来了，可恶。本来赵匡胤就压着火呢，被这个大臣这一句话把这火给激起来了，一伸手就把自己平常随身所带的一把玉斧抄起来了。玉斧就是用玉做的一把小斧头，在手里把玩着，就跟如意差不多少。拿起这把玉斧，照着这位大臣就一斧子。赵匡胤是武将出身，身手不凡，功夫厉害，那玉斧虽是玉质的，也是正中嘴巴。好家伙，这位登时嘴巴鲜血直流，两颗洁白的门牙光荣下岗了。但再看这个大臣，吭都没吭一声，一哈腰，把这两颗门牙捡起来，往袖筒里一装。赵匡胤一看：“怎么着，怎么着？你这还把牙装起来，难道说你还想告我不成吗？”

这个时候，大臣冷笑一声：“我作为臣子不能告陛下。但是您别忘了，自然会有史官把今天的事记录下来。”

这句话一说，赵匡胤如同一瓢凉水泼头，顿时把刚才那个火给扑灭了。拍着自己脑袋：“我怎么办了这事，我是怎么了？

我怎么连一点畏惧感都没有了，我当皇帝怎么当得自满起来了？”他赶紧给这位大臣诚恳地道了歉，拿出很多的赏赐来安抚这位官员。

看来赵匡胤对史官还是心存敬畏的，对道义也是心存敬畏的，只不过刚才由于玩乐，把这种辎重给抛开了，结果变得浮躁了。可见我们对大道的敬畏是一时一刻也不能抛弃。

【经典原文】

重为轻根，静为躁[①]君[②]。是以君子终日行不离辎重。虽有荣观[③]，燕处[④]超然。奈何万乘之主，而以身轻天下？轻则失根[⑤]，躁则失君。

——《道德经》第二十六章

【字词注释】

①躁：动。

②君：主宰。

③荣观：贵族游玩的地方。指华丽的生活。

④燕处：安居。

⑤根：有本作“本”。

【参考译文】

厚重是轻率的根本，静定是躁动的主宰。因此君子终日行走，不离开载装行李的车辆，虽然有华丽的生活，却能安然处之。为什么身为大国的君主，还要轻率躁动以治天下呢？轻率就会失去根本，急躁就会丧失主体。

11

清醒的范蠡

持而盈之，不如其已；揣而锐之，不可长保。

金玉满堂，莫之能守；富贵而骄，自遗其咎。

功遂身退，天之道也。

范蠡字少伯，乃是春秋末年楚国宛人，有人把“宛”这个字读 wǎn，其实最早应该读 yuān，就是现在的河南省南阳市人。

范蠡自幼师从齐人计然，到了后来，越国大夫文种很欣赏范蠡的才学，由文种介绍，就把范蠡推荐给了越王勾践。勾践跟范蠡这么一谈，发现这个人太了不得了，天文地理无一不通，攻杀射守无一不晓。于是乎，勾践就拜范蠡为大夫，范蠡就成为勾践的主要谋臣。

后来我们知道，吴越两国打了一大仗，越王勾践没打过吴王夫差，被吴王夫差给打败了，文种、范蠡两位大夫是从中斡旋，最后委曲求全，让勾践投降了夫差。其实是假投降。勾践到了吴国之后，会装。在范蠡、文种的辅佐下，骗过了吴王夫差，被吴王夫差放还越国了。回到越国之后，勾践卧薪尝胆，发誓要战胜吴国，以雪前耻。就这样，历经二十余年，多亏了文种和范蠡两个人精心辅佐，苦心戮力，才使越王勾践灭掉吴国，终成大业。

越国复兴了，越王勾践要封范蠡为上将军。可范蠡这个人不简单，他头脑清醒，知道越王勾践这个人，表面上看来是仁义道德，但是这个人能共患难，不能共富贵，于是不接受。

勾践一看，范蠡居然不接受，我封你为上将军，这可是破了例的，这个官职已经够高了，怎么着，难道说还嫌不高吗？你还要推辞不成？“文种，你去劝范蠡。”

文种见到范蠡就说了：“你想干吗呀？”

范蠡说了：“我告诉你真心话吧，我想走了。”

“啊？”文种一听，“范蠡啊范蠡，你是个聪明人，这二十年来历经磨难，受了那么多的苦，你都没有走。而如今苦尽甘来，眼看着咱哥们这都荣华富贵了，要安享晚年了。你这个时候走，你是不是有毛病？”

范蠡说：“文种，今天我跟你说句心里话，你要记住‘飞鸟尽，良弓藏；狡兔死，走狗烹’，这是亘古不变的道理。”什么意思呢？你看那个猎人拿着弓箭打鸟，开始满天都是飞的鸟，拿弓箭、用弓箭、爱弓箭。等鸟都打完了，这弓箭没用了，没用怎么办？往什么地方这么一扔，这就叫飞鸟尽，良弓藏。狡兔死，走狗烹呢？一样。打兔子，野兔子遍地的时候，你的猎狗跑来跑去，等到野兔子打没了，再养这猎狗有什么用呢？还浪费粮食！得了，煮了吃吧。把猎狗杀了。自古以来君对臣都是如此啊。范蠡就差对文种说一句话“敌国灭，功臣亡”了。

文种说：“不可能，咱跟着大王二十多年了，您说咱们要是平常的臣子，大王一发怒，或许把咱们给杀了，可咱不是那种人。咱和大王这二十年同患难、共生死，多深的友情哪！咱为大王做了那么多，大王怎么会那样对待咱们呢？不可能！我看你是多虑了，你跟着我回去接受大王赏赐吧。”

但是范蠡说什么也不去：“我说的对也好，错也好，总而言之，我是不会回去了。”

这文种没办法，回去就告诉勾践了，说：“范蠡他确确实实不想接受赏赐，您看怎么办？”

“什么？”勾践一听，“他还不想接受？简直是反了！文种你再去。你告诉他，本来寡人是想把越国的一部分分给他，来酬答他二十余年的功劳。如果他要接受上将军，我就把越国一部分给他，如果他不服从，我就杀了他！”

“哎。”文种一听不敢怠慢，赶紧又去找范蠡去了。

结果到范蠡家这么一看，早已经是人去楼空了。怎么呢？范蠡知道该急流勇退了，早就做好了全家逃跑的准备。送走文种后，范蠡携带金银细软，带领家属，乘着一叶扁舟而去，一去不复返了。

文种没走，结果真应了范蠡的话了，这个勾践可共患难，不可共富贵。最后，这么大一个功臣文种，被勾践给杀死了。

那范蠡跑哪儿去了呢？来到齐国了。到了齐国，范蠡更名改姓，苦心经营，耕作于海畔，父子置产。就是说，范蠡和他的儿子一块来置办家产，靠着聪明才智，没用几年就积产数十万贯，成了远近闻名的大富翁了。这么一闻名了，坏了，怎么呢？都知道了，这儿哪来这么一个人？没有不透风的墙，久而久之人家知道了——就这位，闹了半天是越王勾践当年的臣子范蠡，就是他帮着越王勾践灭掉了吴国。这个消息就传到齐国王宫去了。

齐国的国君一听："什么？范蠡跑我这儿来了。太好了，我们齐国太需要这样的有才能之人了。"齐王马上命人专门跑到海畔来请范蠡，要范蠡直接做齐国的相国，直接把相国大印交给范蠡了，委任状也下来了，范蠡可以直接上任。

但范蠡捧着相印感慨地说了一句："居家则至千金，居官则至卿相，此布衣之极也。久受尊名，不祥！"什么意思？说你看我怎么混的，我当老百姓，我鼓捣鼓捣，就把家产鼓捣累计千金了；说我当官吧，鼓捣鼓捣，我就鼓捣到卿相了。这就是人生的极限了，如果你家里的钱太多了，或者是久居高位，未必是什么好现象。你别老想着往上爬，老想着居高官、拿厚禄，其实未必对你这个人是好事。相反来说，因为做高官翻船的，因为家里聚积了万金而造成灭门之灾的，也不在少数。范蠡一看，本来我想在齐国安居晚年，哪料到我挣这么多钱，给我惹来麻烦了，现在还让我做官？干脆我不干了。于是乎范蠡归还了相印，然后把这几年所积攒的这财产全部散去，分给了朋友和乡邻，带那么一点全家走了。这是范蠡的“二聚二散”。他从这越国走的时候，是“一聚一散”。

这一回走到哪儿？就来到了陶地，到这个地方一看，好地方。这个陶就是现在的山东定陶，那是当时的交通要道。范蠡就在这个地方又定居下来了。由于他定居在陶，所以这个地方打那时候起就叫定陶了，他自称陶朱公。又在这个地方干起了买卖，公买公卖，靠着才能没出几年，又成了富翁了。但是范蠡牢记钱财不宜过多，后来又把自己所挣的钱分给贫苦的老百姓了，按现在来说，做了公益慈善事业了。这是“三聚三散”。

由于范蠡每到一处，都能够成名于天下，而且在名利的面前，始终保持着清醒的头脑，进退自如，懂得急流勇退，以保全自身为根本，也懂得舍得舍得的哲理。再加上这位能赚钱，到哪儿都有一部生意经，而且发完财之后，乐于施财。所以范蠡被我们后世尊为文财神。

【经典原文】

持而盈之，不如其已；揣[①]而锐之，不可长保。金玉满堂，莫之能守；富贵而骄，自遗其咎。功遂[②]身退，天之道也。

——《道德经》

【字词注释】

① 揣（zhuī）：捶打。

② 遂：成功。

【参考译文】

与其持有而让它漫溢出出来，还不如将它停下来。器物锻造得太过锐利，是不可能得以长久保持锐利的。金玉满堂，无法守藏；如果富贵到了骄横的程度，那是自己留下了祸根。一件事情做成了就要含藏收敛，这是符合自然规律的道理。

12

徐阶知荣守辱

知其荣，守其辱，为天下谷。为天下谷，常德乃足。

人们常说《道德经》是一部充满智慧的经典，它跟其他经典不一样。可能我们学其他国学经典，能够学到知识，能够学到聪明，但是其他的经典里面的智慧，可能还都未必有老子这五千字里面蕴含的智慧多。

智慧和聪明是两码事，比如老子说说的“知其荣”就是指一个人的聪明之处，意思是作为一个人，知道怎么可以取得盛名，怎么可以取得自己的荣耀，能做到这一点，我们说你这个人是个聪明的人。但是如果你进一步，“知其荣”还能“守其辱”，那你就是一个有智慧的人了。

什么叫“守其辱”？就是你知道怎么可以轻易地取得盛名，但却选择了忍辱负重，那就像山谷一样胸怀博大。你怎么往山谷里丢垃圾、丢那些辱骂自己的词汇，这山谷都不在意，不信，咱跑到山谷那里，冲着山谷，骂一顿，你甭管怎么骂它，山谷都不在意，但是往往世间的事就这样，你最后发现开始那些受到荣誉，笼罩光环的人可能最后落了一个可耻的下场，反倒受辱了。当开始的那些忍辱负重的，经常挨骂的，不在意的那些人，最后成为笑到最后的人，这叫什么呢？这就是老子所谓的“常德”。

所以，我们如果能够成为“天下谷”，我们的心胸如果能够成为“天下谷”那么的深、那么的广，那么我们的常德已经足够了。

我们说一个人，这个人叫严嵩，那是明朝有名的权臣，擅专国政长达二十年之久，《明史》上把严嵩列为明代六大奸臣之一，给了严嵩一句话的评价，说他“惟一意媚上，窃权罔利”。就是严嵩当政的时候，可以说利用权力祸国殃民、败坏朝纲、铲除异己、卖官鬻爵。

当时也有一些政治官员都恨透他了，都想把这严嵩给扳倒，徐阶就是其中一位。徐阶这个人就是一个典型的知荣守辱的政治家。刚开始，他不肯依附严嵩。于是严嵩这么一看：“你不依附我，得了，我给你穿点小鞋吧。”就经常在皇帝面前说徐阶的坏话，徐阶的处境一度是十分危险。这个时候徐阶认识到，我不能够以卵击石，我应该改变策略。于是，摇身一变，见到严嵩，不笑不说话，一说话点头哈腰的，事事都顺着严嵩，从来不跟严嵩争执。为了得到严嵩的信任，干脆把自己的孙女都嫁给了严嵩的孙子，两家联姻了。这不成自己人了吗？严嵩对徐阶那也高看一眼了，这成了亲家了，那还有的说吗？其实徐阶这是为了扳倒严嵩忍辱负重啊，忍辱负重达二十余年，徐阶写过很多拍马文章来赞扬严嵩，尤其到了严嵩过生日，那徐阶每回都写长篇贺词。就徐阶这种拍马溜须的表现，让徐阶那位得意门生张居正看不惯了。

张居正是个很了不得的人物，后来成为内阁首辅大臣。他当时还年轻，一看："怎么了，老师？对严嵩至于这么溜须拍马吗？你太没骨气了，干脆我不干了！我跟着你们这些没骨气的人，我丢人。"于是，张居正就请病假辞职回家了。回家之前，给老师徐阶写了一封信，信上就讽刺徐阶，说"古之匹夫尚有高论于天子之前者"，就说古时候那些匹夫之辈，你别瞧不起他，他在天子之前，还常常有高论。"今之宰相，竟不敢出一言，何则？"现在你身位宰相，你还不敢在皇帝面前说一句真话，你简直是匹夫不如！

其实张居正不了解徐阶。徐阶傻呀，他难道不知道要获取忠臣这个好名声，对他来说易如反掌？也就是说徐阶知其荣。怎么易如反掌？我直接向皇帝面前，我骂两句严嵩，我批评两句，甚至我弹劾他，传扬出去，天下老百姓，天下世人，都会为我鼓掌。那我就成了清流首领了，我自然获得好名声了。因为严嵩是奸臣，那么我抨击他，我就成忠臣了，对不对？像干这种博名声的事太简单了，而且前仆后继有很多人干，比如夏言、杨继盛、沈炼这些都是正直的大臣，都这么做了，都去皇帝面前弹劾严嵩了。结果呢？非但没扳倒老奸严嵩，反倒是自己落了一个身首异处，被严嵩反打一耙，给整死了。所以，这个忠臣的名，我宁肯不要。我只求一个目的——扳倒严嵩，为天下除恶。剩下的，至于个人名声，那都是身外之物，你们爱怎么骂我就怎么骂我；爱骂我是奸臣就骂我是奸臣；爱骂我是小人我就是小人。爱骂我是溜须拍马之辈，我就溜须了。反正是我努努力、咬咬牙，最终把这严嵩扳倒了，这是我的目标。

果然，最终在徐阶的不懈努力之下，严嵩真就给扳倒了。到了隆庆二年，徐阶劳碌一生，也风光无限了，斗倒了严嵩，再加上后辈又有学生张居正上来了，于国于己、于公于私，心意已满，于是徐阶是主动请辞，急流勇退，身前死后，风光无限，最终还是取得了一个盛名。

【经典原文】

知其荣[1]，守其辱，为天下谷。为天下谷，常德乃足。

——《道德经》第二十八章

【字词注释】

① 荣：荣耀。

【参考译文】

深明荣誉，但安于忍辱，即可作为天下的川谷。作为天下的川谷，常德才可以充足。

13

便签纸的故事

是以圣人常善救人，故无弃人；常善救物，故无弃物。是谓袭明。

唐朝大诗人李白有一首诗叫《将（qiāng）进酒》，里面有一句“天生我材必有用”，成为千古流传的名句。在老子眼里，天和圣人都是同一个思维，怎么说呢？他们都能够公平地毫无私心地去对待万事万物，所以李白说：“天生我材必有用。”——在老天眼里，每一个生灵，每一件物品，它都是有用的。在圣人眼里，老子说了，“故无弃人”。什么意思呢？就是圣人眼里没有废品，任何东西都是有用的，关键是你把它用在什么地方。打个比方，老师有的时候会让我们同学利用家里的垃圾、废品做一些艺术品，这废品就变宝了，不再是废品了，它就成为有价值的艺术品了。那如果你把这废品直接当垃圾扔了，那这废品就没用了。所以，世上万事万物都是有用的，只不过能不能给它找一个合适的位置。作为人来说，也一样，人没有不中用的，每个人都有每个人的长处。诸葛亮不会跨马征战，但是有智慧，会出谋划策。那张飞呢？你要让他想个主意能愁死他，但是跨马抡枪，万军之中取上将首级，如探囊取物耳——就像一伸手从布袋里抓个皮球那么简单。

所以，我们每个人作为社会的一分子，都有自己存在的价值。因此，我们要努力发现自己的价值，千万不要拿自己的短处去比别人的长处，而是要多多地发扬自己的长处，发展自己的长处，发挥出自己的特色，这正是自己的价值所在。

古时，有那么一番话："骏马能历险，耕田不如牛；坚车能载重，渡河不如舟；舍长以就短，智者难为谋；生才贵适用，慎勿多强求。"就是说有一匹骏马，日行一千，夜走八百，两头加加劲儿，两千来里地儿，快不快？但是你让它耕田去，它就不如那拙笨的老牛，它就不会耕田；这车子能够运东西吧，拉着东西到处跑，但是你让它行水路，它就不如那小舟。所以，有些人往往是拿自己的短处比别人的长处，越比越自卑，越比越比不上去。整天的怨天尤人、唉声叹气，结果耽误了大好青春、大好岁月。这就不如多多发挥自己的长处，认清楚自己的才能适合哪种职业，在什么地方能够发光，这才是自知的智慧。那这么一来，世界上就没有一个人是废人，没有一种物是废物。

美国有一家著名的公司叫 3M 公司。其实这 3M 就是明尼苏达矿务及制造业公司（Minnesota Mining & Manufacturing Company）的首字母缩写。公司创建于 1902 年，总部设在美国明尼苏达州的圣保罗市，是世界著名的产品多元化跨国企业。有那么一次，3M 公司有个实验室的人员想发明一种强有力的黏合剂，简单说，就是想发明一种强力的胶水，粘什么东西“咔吧”就粘上，粘得死死的，扯都扯不下来。但是，实验了好几个月，最后还真发明出来一种东西——一种几乎没有什么用的黏合剂。这黏合剂黏到什么上面都粘不牢，只要你一扯一撕，它就掉，一点胶也粘不到那个物品上去。

这不是废品吗？实验室人员非常失望，是啊，好几个月的工作打水漂了，投入的资金也收不回来了！这个人懊恼啊，就把自己这件事儿告诉了一个同事：“你说我这几个月白干不白干，发明一种黏合剂，粘什么都粘不住。但是，你说粘不住吧，贴上去，待一会儿，你只要不扯它，它也掉不了，一扯就掉。你说这玩意儿，这不就是废品嘛。”

他这个同事一听：“先别说是废品，它有用啊。”

“有什么用呢？”

“你想想咱平常老爱忘事，想写张便签，用胶水一糊，贴哪个地方做提醒，不用了就往下一撕。好家伙，贴墙上，不是带墙皮下来了就是把纸粘墙上了，撕下来不利索，还容易把胶粘在墙上，时间一长，黑乎乎一片，多难看哪。那你既然发明这种黏合剂了，太好了，把它涂到纸上，做成便签纸。要是再提醒自己办什么事情，就写在这个便签纸上，粘在自己容易发觉的地方。等到这件事情办完了，用手一扯，这便签纸下来了，粘的地方完好无损，既不会把胶粘在物品上面，也不会把物品那个表皮给扯掉，这多好啊。”

一句话点醒了这个实验室人员，于是这种被他们开始认为是废物的胶，就被用来做成咱们现在经常见到的那种便签纸了——黄色的、绿色的，各种颜色和形状的，一贴就贴到墙上了，一揭就揭下来了。没用的废品有了大用了。

【经典原文】

是以圣人常善救人，故无弃人；常善救物，故无弃物。是谓袭明[1]。

——《道德经》第二十七章

【字词注释】

① 袭明：含藏着“明”。

【参考译文】

所以，圣人总是善于做到人尽其才，所以没有被遗弃之人；总是善于做到物尽其用，所以没有被废弃的东西。这就叫保持明境。

14

魏豹的皇帝梦

将欲取天下而为之，吾见其不得已。天下神器，不可为也，不可执也。为者败之，执者失之。物，或行或随，或嘘或吹，或强或羸，或挫或隳。是以圣人去甚，去奢，去泰。

老子一贯反对努力强求、刻意而为，主张无为、自然而然地顺应大道。对于老子的这种思想，我们今天很多人没办法理解，尤其是学生。为什么呢？因为无论是家长、老师，都教导我们，要努力学习，努力工作，积极进取。那为什么老子却说，不要努力强求，要顺其自然。这之间有没有矛盾呢？其实是没矛盾的。怎么说呢？我们对一件事情采用什么样的指导思想，是要视情况而定的，我们该努力的时候一定要努力，顺其自然的时候一定不要强努。这种思维是什么呢？在哲学上这叫辩证思维，又叫辩证法。

那么我们经常接受到的教育是一个刚强性的教育，是一直鼓励我们要勇敢、要努力。但恰恰老子的教育，是一个示弱的教育，我们应该学会示弱，应该学会服输，有的时候认个错，服个输，服个软，恰恰会使事情得以顺利进行。咱们打个比方说，夫妻生活在一起，难免会因为对一些事情观点不一样，发生一些争执，甚至一些严重的争吵，这都是很正常的现象。如果这两个人很刚强，谁也不让谁，非得争个你高我低来不可，那这个架就吵起没完来了。最后反倒是结果不会太好。那相反来说，有一个说了："行了，行了，我不跟你说那么多了，你对不行吗，我错了行不行？"稍微地服个软，这边这位火也上不去了，慢慢地一琢磨，我这事做的也不咋的，回头向对方一道歉，两个人和好了。这就是老子的哲学。那回到我们这句话，这句话怎么理解呢？

有个故事发生在秦末。秦朝末年，天下大乱，诸侯四起，很多人都揭竿起义，共同反对暴秦。其中有个魏国贵族魏豹，他一看别人都反了，他也扯起大旗造反了。结果刚开始的时候不顺利，没打过秦军，被秦军打得稀里哗啦，大败溃逃。怎么办？我是赶紧撤，还是继续战斗？

魏豹有个姬妾叫薄姬。这个人特别有主见，当时就鼓励魏豹，说："你应该继续战斗。"

"我打不过秦军。"

"你打不过秦军，你可以联合别人共同打秦军。"

"我找谁呀？"

"你去找楚怀王，现在楚怀王驾下有项梁、项羽叔侄，那项

羽还了得吗，你投靠他吧。”

“好。”这魏豹就投靠了楚怀王，获得楚怀王支持。在项羽发动巨鹿之战的时候，魏豹利用机会，也收复了魏国二十多座城池，然后紧跟着兵进关中。

再这么一打，魏豹也看出来了，这个项羽成不了大事，匹夫之勇，太残忍了。我干脆别跟他干了，跟薄姬一商量，薄姬也认为：“项羽这个人日后必败。依我看，刘邦这个人必成大器，干脆，你投靠刘邦吧。”这魏豹还真就投靠刘邦了。

但跟着刘邦，魏豹发现刘邦也有问题。刘邦有什么问题？刘邦喜欢骂人，对手底下的士人根本不尊重，呼来骂去，甚至有的时候，把人家的头上戴的帽子给扯下来，对着帽子撒尿，你说这哪像领导人呢？魏豹出身高贵，是魏国王室子弟，哪受过这种气？于是魏豹一琢磨：“别人都可以称王称霸，我为什么不能称王称霸？我通过自己的努力，我为什么就不能做皇帝，我为什么就不能跟他们争夺天下？”于是魏豹一咬牙，结果以探望母亲为由，就向刘邦请假了，回到魏国之后，立刻宣布：我独立了，不再归你刘邦管辖了。

刘邦现在最主要的敌人是项羽，没工夫打魏豹，只能派谋士来游说魏豹，争取魏豹。但无论怎么争取，魏豹是铁定心要造刘邦反了——我就是不去。刘邦后来大怒，就派韩信进攻魏豹。魏豹哪是韩信对手，这下子给打败了，自己成了韩信的俘虏了，地盘也成了刘邦的郡县了。刘邦倒不错，没杀掉魏豹，让他防守荥阳。

但是刘邦对魏豹放心，刘邦的将领不放心，认为这位野心太大，不可靠。就抽机会把这魏豹给杀了。

魏豹一死，魏豹的夫人薄姬就被刘邦看上了。然后薄姬就给刘邦生个儿子，起名叫刘恒。但是薄姬并不得刘邦的宠，毕竟她原来是魏豹的老婆。所以刘恒八岁那年被封为代王，薄姬就跟着儿子在代地这个地方待着。

刘邦后来死了，刘邦的皇后吕后专权。她怕刘邦那些得宠的妃子生的儿子跟她生的儿子再争夺皇位，于是大开杀戒。所有争宠的妃子，和这些妃子为刘邦生的儿女，要么给囚禁了，要么给杀了，唯独把这薄姬母子给忘了。为什么？薄姬人家不争，带着个孩子在边疆待着，吕后就没放把她们在眼里。吕后一口气杀掉了刘邦八个儿子中的六个，剩了俩，一个就是刘恒，另一个叫刘长。为什么没杀刘长？因为刘长的母亲赵姬已经死了，吕后认为，既然他的母亲死了，他就不会有什么政治能量了，就没杀刘长。你看看这不正合了老子所说的“柔弱胜强，处下者居上位”吗？

我们翻回头再想一想，那位想努力想当皇帝的魏豹，他本来没有本事，没有自知之明，但是应硬努，非得跟刘邦、项羽这样有本事的人争夺天下。结果最终落了一个身死下场。如果当初他有自知之明，就跟随刘邦，不自立山头，或许可以保全一命。但终因觊觎这天下神器，为者败之，执者失之。

【经典原文】

将欲取天下而为[1]之，吾见其不得已[2]。天下神器，不可为也，不可执也[3]。为者败之，执者失之。物，或行或随，或嘘或吹，或强或羸，或挫[4]或隳[5]。是以圣人去甚，去奢，去泰。

——《道德经》第二十九章

【字词注释】

①为：指有为，靠强力去做。

②不得已：达不到，得不到。

③不可执也：王弼本无此句。据刘师培等说法增补。

④挫：帛书本作“培”。

⑤隳（huī）：危。

【参考译文】

想要治理天下，却又要用强力的办法，我看他不能够达到目的。“天下”是神器，不能出于强力，不能加以把持。出于强力，一定会失败；加以把持，一定会失去。世人秉性不一，有前行有后随，有性缓有性急，有的刚强，有的羸弱；有的安居，有的危殆。因此，圣人要除去那种极端、奢侈的、过度的措施法度。

15

歧路亡羊引发的思考

大道甚夷，而人好径。

杨朱是春秋时期诸子百家之一。他的邻居有一次丢了一只羊，丢了得找啊，于是就叫了一大帮人去给他找羊，怕人手不够，又叫了杨朱的仆人也帮他找。

杨朱的仆人向杨朱告假的时候，这杨朱就感到奇怪，说："丢了一只羊，干吗叫那么多人去追呢？"

仆人说："因为这道上的岔道太多了，怕追不到，谁知道这羊跑哪个岔道上去了？所以一人堵一条，成功率大一点。"

"那你去吧。"

结果，过了一会儿，这追羊的人全都空手而回。

杨朱背着手就问："这羊追回来了吗？"

"没有。"

"没找到？怎么没追回来？"

“别提了，”杨朱的邻居又说了，“这个岔道太多了，而且岔道之中又出现了岔道，不知道这只羊究竟跑到哪条岔道上来了，我们追了半天只好返回。”

“哦。”杨朱听完，脸色都变了，好半天沉默不语，脸上没有笑容。弟子们一看，感觉奇怪，为什么？这羊不是什么太值钱的东西。再者说了，又不是你杨朱的，人家丢了羊了，关你什么事，你为什么又不说话，也没有笑容呢？大家也不敢问。

杨朱有一个弟子叫孟孙阳，就把这件奇怪的事情告诉了杨朱的朋友心都子了。

心都子一听：“有这种事？”

“我不知道我老师怎么了。”

“明天我跟着你，咱们一起去探探你的师父。”

就这么着，第二天心都子和孟孙阳一起来见杨朱了。坐下之后，心都子就向杨朱请教了：“杨朱，我有一事不明想向你请教。”

“你说吧，什么事？”

“是这样的，过去有兄弟三人，到齐鲁求学。那齐鲁本是儒家起源之地，这三个兄弟跟着同一位老师学完了儒家学说之后，这才回家。回到家里，见到自己父亲，老爹爹就问哥仨：‘你们学的仁义的学问都是什么？你们跟我说说呗。’这老大先开口了，说：‘我们学的仁义的学问，首先是保全自己的性命，其次是保全自己的名声。’‘哦，这是你学的，老二你呢？’老二说了：‘我学的是宁肯舍弃自己的生命，也不能损害自己的名声。’‘哦，老三你呢？’老三说：‘我学的是既要保全自己的生命，也要保全自己的名声。’你看看，一师之徒，但是三个人的说法不同。那么到底谁学到的是真正的儒家学说呢？”他问杨朱。

杨朱没有正面回答，说：“你给我讲个故事，我也给你讲个故事。说有一个人，住在河边，特别擅长游泳。平常以摆渡为生，就是划着一条小船从河的此岸渡人渡到彼岸上去。摆渡为生，挣钱可多了，挣的钱能养百口人。就因为这个，带着干粮，大老远的向他来学艺的人成群结队，都想学习游泳，因为他擅长游泳。但是跟他学习游泳的人，因为游泳淹死的将近一半。你看看，学到的得了利了，学不到遭了害了，这差别是很大的，那么你认为这些来学艺的人，到底谁对谁错呢？”

好家伙，这杨朱跟心都子，两个人像打太极似的，你说一个故事，我说一个故事，说的孟孙阳在旁边听了差点没晕过去。怎么着？这都说的什么跟什么呀这是？没听明白。孟孙阳也不敢问。

心都子这个时候冲着杨朱一拱手，退出来了。孟孙阳赶紧也跟过来了。

“心都子，刚才我老师刚才跟你说什么，我没听明白。”

“你不是说你老师邻居家丢了羊，你老师当时脸色不太好嘛，让我来问原因的。”

“可我没见你问呢？”

“我问完了。”

“啊，问完了？”

“啊，你老师也回答我完了。”

“不是，我就看你问个故事，他回答你一个故事，这就完了？”

“可不是完了嘛，你老师讲了一个故事，把道理说明白了——大道就是因为岔道太多，所以才丢了羊。游泳也是因为方法多样，所以学游泳的很多人才丧了生。他不是说大道原本就有很多，大道它就那么一条，后来学大道人多了，你来一条，他来一条，全用自己所理解的那歪门邪道去诠释大道，结果逐渐他们是越走越偏，就走出岔道了。这就跟游泳一样，原本游泳的方法它就有一种，后来学习游泳的人都胡乱地学，胡乱地发明，结果把方法搞乱了，如果大家都行走原本的一条大道，这羊就不会丢了；如果说学艺之人，都跟着那个擅长游泳之人学那么一套游泳方法，他们就不会淹死。

“杨朱先生之所以不言语，是因为他听说了，丢失羊的原因是因为岔道太多了，他因此担心他的学说到了你们众位弟子那里，会变得多种多样，把他原本的学说给丢掉了，就像那哥仨，把同一个先生教的儒家学说变成了三个样子一样。”

这就是老子所说的“大道甚夷，而人好径”的道理。

当然了，我们仍然要辩证地去理解这句话，所谓大道和小路，那也是对立统一的，没有了小路，也无所谓大道，没有大道，哪来的小路，它怎么比对？所以大道是常规是主干，小路是权宜是枝叶，没有枝叶，不见大木之茂盛；没有支流，不见长江之壮阔；没有岔路，也不见大道之重要。我们要经常走大道，走大道循规蹈矩、事半功倍，走小路，往往会猎奇、事倍功半。但是也不尽然，民间不是有那句话嘛，“大路顺，小路近”。有很多的探险家、冒险者，他走出一条歧路，走出一条捷径，结果开拓了一条新的道路，这不也是一种开拓精神吗？像哥伦布，他不勇于航海勇于探险，那就发现不了美洲大陆。所以，对于大道和小路，我们仍然要辩证地去对待它，以大道为主，以小路为辅，这在道家里面，或者在兵家里面，有两个字的关系可以概括它，那就是“奇正”之道。什么时候出奇，什么时候守正，这要根据情况而定。

【经典原文】

大道甚夷[①]，而人好径[②]。

——《道德经》第五十三章

【字词注释】

① 夷：平坦。

② 径：邪径。

【参考译文】

大道很平坦，但是人却喜欢走所谓的捷径。

16

韩信论项羽必败

知人者智，自知者明。

韩信是汉初三杰之一，他的经历非常曲折。他开始先投奔了项羽，在项羽手底下，那是一个默默无闻的小军官。后来又投奔了刘邦，到了刘邦手底下，那就成为一个无人可及、统帅三军、战无不胜的大将军了。因为他前后差距太大了，弄得刘邦刚拜韩信为大将军时，很多人都不服："这什么人哪？原来在这项羽手底下，就做了一个执戟郎。"什么叫执戟郎？就拿到大戟，站在帐外做护卫。"而且这韩信曾经受过胯下之辱，被一伙流氓拦住，都不敢跟人打，乖乖地在人胯下钻过。就这种人，你还用他？还拜他为上将军？咱们家汉王是不是吃错药了？"其实不然。

刘邦开始并没有重用韩信。韩信一看："刘邦也不重用我，得了，我走了。"韩信就跑了。

结果刘邦手下那位萧何慧眼识英雄，一看韩信这人了不得："干吗去了？跑了呀？我追他！"萧何连给刘邦打招呼的空都没有了，怕韩信跑远了，骑上快马，萧何月下追韩信，愣给追回来了，然后向刘邦大力推荐。

刘邦听从萧何的推荐，这才登台拜帅，拜了韩信为大将军。虽然众将不服，但是韩信已然成了大将军了，大将军之座人家一屁股坐那了，连刘邦都得在底下陪衬着。

这刘邦心里也不舒服，当然就问了："丞相经常讲将军如何如之何，非常的能耐，那么现在我已然拜将军为大将军了，将军何以教寡人？"你出出什么谋，划划什么策，来教教我吧。

韩信当时就问刘邦："汉王您现在是不是打算往东发展，跟项羽争夺天下？"

刘邦说："当然了，我要是不愿向东发展的话，不愿跟着项羽打仗的话，我任你为大将军干吗？"

"那好，我再问汉王，您现在觉得您和项羽两个谁强谁弱？"

刘邦皱着眉头沉默良久，最后蹦出三个字："不如也。"什么意思？我哪能跟项羽比，无论是论兵论将，论钱财，论武艺，我跟项羽都比不了，一个在天上，一个在地下。这就说明刘邦有自知之明。

韩信一看："您能承认就不错，但是咱也甭被给项王给吓倒了，其实这个人有他的致命缺点。"

刘邦一听："他有什么致命缺点？"

“我给你分析分析，因为我曾经在项王驾下侍奉过他，所以我对他特别了解。这个人刚愎自用，只要是他说了话，谁也不能反对，所以他虽然有一些名臣贤将，不能为之用也，此匹夫之勇耳。”你别看他挺厉害的，天天的哇呀呀，这都是匹夫之勇，不足为惧。

“另外，你别看这个项羽，平常好像对那些当兵的显得特别的恭敬慈爱，一看这当兵的有疾病了，好像项羽自己得了病似的，一把鼻涕两行眼泪，而且把自己的食物分给当兵的吃，分给当兵的喝。但是，一旦有人立了军功了，应该给人家按功封赏，给人家加官晋爵了，好了，这下像挖他的肉似的，这位心疼得要命，不肯履行诺言，奖赏别人。所以，你别看项羽对士卒仁爱，那都是假仁假义，此所谓妇人之仁也。

“再说项羽，现在得了天下了，但是他不居关中，他跑回他的老根据地——彭城去了，还美其名曰说要衣锦还乡，这哪有一点得天下的大志向。

“再加上他违背了义帝之约。你想想，当年你和他一起在义帝楚怀王面前发过誓言——先入咸阳者王之——谁先到函谷关那谁就是关中王。结果是您先到的，这项羽背信弃义，把您赶到了汉地，他在那里称王称霸，诸侯都很大意见。现在诸侯一看，项羽把义帝楚怀王也给驱逐了，还给杀了，这一个个的是愤愤不平。于是，各自都回到了自己封地，在自己封地之上，那都开始挑起大旗来了，形成割据来了，以后就这些诸侯王非得反项羽不可。

“再说项羽作战的时候，所过之处过于残忍，不管人家投降不投降，一律坑杀。巨鹿一战，坑杀了降卒二十余万。这一下子，天下老百姓一个个对他是怨声载道，根本的民心不归附于他，只是迫于他的淫威罢了。所以这个项羽，你别看他现在自称西楚霸王，名虽为霸，实失天下心。所以我说，你别看他强，他其实是弱小的，只要大王您能够反其道而行之，礼贤下士，任天下武勇，何所不诛？以天下城邑封功臣，何所不服？以义兵从思东归之士，何所不散！所以，您不必担心，其实您和这项羽争夺天下，胜败已定，咱们现在是知己知彼，必能夺取天下。”

【经典原文】

知人者智，自知者明。

——《道德经》第三十三章

【参考译文】

认识别人的是“智”，认识自己的才算“明”。

17

点石成金手

甚爱必大费，多藏必厚亡，知足不辱，知止不殆。

古代有一个非常贪婪的财主。这个人为富不仁，在他眼睛里头，除了金子之外，没有其他可贵的东西，爱钱如命，天天一睁开眼就是赚钱赚钱赚钱！稍微自己损失那么一丁点，就像割了他肉似的。他就琢磨：如果我这家里头，我所见到的，我所摸到的，都能变成金子，那该多好。结果有一天，他就碰到一个神仙，什么神仙？就是八仙之一的那吕洞宾。也不是他碰见的，其实吕洞宾想过来度化度化他，看看这人还有救没救。

见到财主，吕洞宾就说了："我听说你特别的爱财。"

"那是，谁能不爱财？有钱多好。"

"那好，"吕洞宾说，"你碰到我了，我可以满足你。你想把什么变成金子？你告诉我，我今天完全能够满足你。"

"是吗？"

“当然了。”

“那好，你能把这棵大树变成金子吗？”

“可以。”吕洞宾伸出手指，对着大树一指：“呗儿！”好家伙，一碰到大树，这树一下子变成了一棵纯金的金树，24K，99.99% 纯度。

“哎呀，”财主一看眼毛都开花了，“哎呀，太好了太好了，这块石头，我也想把它变成金子。”

“没问题。”吕洞宾拿手指一指，变，手指一碰那石头：“呗儿！”石头也变成金子了。

“这堵墙也能变成金子的吗？”

“没问题。”吕洞宾拿手指头一碰墙：“呗儿！”整堵墙全变成金子的了。

吕洞宾说：“你看看，这不少钱了吧，就这树，这石头，这墙，这三样金子够你花三辈子的，你还有什么要求？”

“我还有什么要求……是不是我今天什么要求，你都能够满足我？”

“当然了，你尽管提。”

“那好，我别的要求都没有，我就想，要你这只点石成金的手。”

吕洞宾一听：“你想要我这只手？”

“对呀，你一摸啥都成金子，那多好，你能不能把这手给砍下来给我？”

吕洞宾一听，看来你这人无药可救了："好吧。既然如此，这么着吧，我不用把我手砍下来给你，我给你的一只手吹口仙气，只要你这手碰到的东西，马上也会变成金子，你看这多好。"

"那敢情好。"

"你看哪只手？"

"哪只手？这俩手你都给我吹上吧。"

吕洞宾一看："你真是人心不足蛇吞象，不过你可琢磨好了，我吹口仙气，你这俩手从此摸到什么都会变成金子，你可得琢磨好了，琢磨透了。真的让我吹？"

"吹吹吹，赶紧的。"

吕洞宾一看，此人真是没得治了。得了，给你一点惩罚吧。"噗！"吹口仙气，然后吕洞宾就说了："打现在开始，你这俩手碰到什么，什么成为金子，你可要谨慎地利用它。"

"没得说，没得说，你走吧，你走吧……"

吕洞宾一看，这等于吃完饭打厨子，得了，我走了！吕洞宾化为一股青烟儿，人家上天了。

地主老财得了一双点石成金的手，可高兴坏了："我试试，我试试，我看看……"他看到旁边有张板凳，一摸板凳，念声："变！"手一碰板凳："欻！"变成金板凳了。"好，这个水缸……"他一摸水缸："变！""欻！"成金水缸了。"不错不错，这还有棵白菜。"一摸白菜："变！""欻！"变成金白菜了。可把地主老财给高兴坏了："我有这一双点石成金的手，打现在开

始，我就是世界上最富有的人喽！”

这点了半天了，还真有点饿了。“得了，我先吃饭再说吧。”到厨房里，一摸笼屉：“欻！”这笼屉成金笼屉了，够沉的，咬着牙，把这金笼屉搬下来，一看笼屉里是刚蒸的热馒头：“我先吃个馒头再说。”一摸馒头：“欻！”变成金馒头了。“这怎么吃？咬不动啊。”我再摸这个，一摸：“欻！”所有馒头，一会儿工夫，摸哪个哪个都变成金子了，一笼屉金馒头。这财主一看，这怎么办？以后我有这双手，我连吃饭都没法吃了。没法吃也没事。怎么呢？我一摸东西这东西变成金子的了，我不会让别人摸吗，别人摸东西，那东西不会变。我有钱了，我雇多少人喂我吃饭，这不容易嘛！“老婆子，老婆子。”

“哎，来啦来啦。”

他把地主婆给叫来了。“快快快，快喂我吃饭。”

“你自己不会吃吗？”

“你没看见吗？我受仙人指点，我双手已经变成了点石成金的手了，我碰到什么，什么都成黄金，我没办法碰，你得喂我吃，懂不懂？”

“呦，这一有钱了，怎么那么多事，连饭都不会吃了。”

“你少啰唆。”这财主一烦，拿手一扒拉自己老婆，那意思你就少说几句吧，结果就忘了，自己这手点石成金，一碰地主婆就变成了黄金地主婆了。这老财一看：“这可咋整，快来人哪，快来人哪。”

他的儿女听到了，赶紧过来："爹，怎么了。爹，怎么了？"

"快来看你妈，你妈成黄金的了。"

"这怎么了？"儿女过来扶这地主。"噗！噗！"儿女们也变成金子的了。

打这开始，这地主摸什么，什么变成黄金，碰什么，什么变成金子。虽然自己得了点石成金的手，但最终自己的亲人，自己身边之物，全变成金子了，连自己的衣服一摸也变成了黄金。他那么喜欢黄金，但是等到他发现自己身边全是黄金了，这黄金又不能当饭吃，又不能当衣穿，又不能当亲人供我温暖，我要它何用？等想明白了，也晚了，这位财主最后躺在黄金堆儿里给饿死了。

【经典原文】

甚爱必大费，多藏必厚亡，知足不辱，知止不殆[①]。

——《道德经》第四十四章

【字词注释】

① 殆：危险。

【参考译文】

过分贪欲必然会有大的耗费；过分地敛聚必然会有过多的丧失。知道满足就不会遭受屈辱，知道适可而止就不会带来危险。

18

《论持久战》的哲辩

飘风不终朝，骤雨不终日。

王老师经常会告诉大家，其实国学就在咱们民间，咱们民间老百姓有很多的话、很多的俗语，一点不次于这些经典语句。比如《道德经》上的一句名言“飘风不终朝，骤雨不终日”，换成我们老百姓的话，在民间也有一句俗语，这句俗语那更直白，叫“大风刮不多时，大雨下不多时”。什么意思？这个自然界跟人，跟一个国家，跟一个事物是一样的，狂风骤雨就是这个人发怒了，震怒了，怒发冲冠，血冲顶梁门，噌！那就是一阵的事儿。你不能说老是血冲顶梁门，那还了得？那就该把血管给撑破了，脑出血了。所以，任何的暴跳如雷的、天崩地裂的、拍桌子瞪眼的，它都长久不了。开始劲头大了，后面肯定就没劲了，自然界也是这样。我们一报天气，都是“短时有雷雨大风”，那不是说一天雷雨大风，很少。说三天都是雷雨大风，那几乎没有，就是台风也只是刮一阵。也就是说，变态的是短暂的，常态的才是持久的。人的常态是心平气和，安居乐业；社会常态那就是国泰民安，大家和睦相处；家庭的常态那就是合家和睦，父慈子孝；自然界常态那就是风和日丽，春华秋实。这都是常态。赶哪一年闹个天灾、人祸，这都是短暂的，这都是变态，非常态。你记住了，“飘风不终朝，骤雨不终日”，它一定过不多长时间。

比如人吧，一个人如果非得放着平常的好日子不过，纵情声色，天天花天酒地，一天三顿，恨不得四顿下馆子，我使劲吃，使劲喝，用不多长时间，这精力就会被用完，力竭而死；一个家庭，我也不管我挣多少了，使劲花，奢侈极欲，看什么我买什么，用不多久，这个家经济就会崩溃；一个国家也是这样，我仗着我是统治者，横征暴敛，对老百姓苛刻无度。很快，哪里有压迫，哪里就有反抗，就会被推翻；对于可耻的侵略者，那更是如此。

就拿这日本来说吧。1937 年，日本鬼子向咱中国发起了全面侵华，要吞灭咱们中国。你看开始叫嚣得多厉害，在华北、在华东，两面夹击，那多么凶残，武器装备精良，往前推进，可以说当时势不可当。中国军队打一仗败一仗，打一仗败一仗，几乎前期所有战役没有打胜过的，华北危急、中原危急、华东危急、华中危急……日本侵略者牛，扬言要三个月灭亡中国。结果怎么样？战争真的打起来了，别说三个月灭亡中国了，光淞沪战役就打了三个月。开始侵略中国的时候，风驰电掣，势如破竹，那确实厉害的邪乎。可是再打下去，这力量就跟不上了，怎么呢？飘风不终朝，没那个劲了。就该采取一些策略了，拉拢汉奸啊、以华制华啊，就开始玩阴谋、玩手段了。

但是开始这日本如此推进，还真把一些立场薄弱者给吓坏了。当时中国很多人，尤其是国民政府里头很多人，对抗日灰心丧气，认为咱们中国打不过人家，武器没人家厉害，装备没人家精良，士兵没人家训练有素，论钱也没人家多，咱们凭什么跟人打，指什么跟人打？一打起来，肯定亡国亡得快，那干脆别打了，投降吧。就有一批这些人，抱着悲观失望的心态，认为只要抵抗肯定无望，还不如赶紧的早早投降。好说一点，就是跟日本和谈吧，咱们别打了。

就是针对这些人，中共中央领袖毛泽东适时出版了一部名著——《论持久战》。就告诉大家：别着急，日本它打中国，侵略咱中国，是非正义的，咱是正义的。得道多助，失道寡助，他一定打不赢。中国地大物博，小日本那才多大点儿？你别瞅他开始厉害，那叫色厉内荏，外强中干。他毕竟是个小国。军力、财力都匮乏，经不起长期战争的折腾。咱中国是大国，地大人多，能够支持长期战争。而且日本侵略行为，损害和威胁了其他国的利益，也得不到国际的同情与援助。反倒咱中国反侵略战争，能够获得世界上广泛支持和同情。所以，这一系列都规定了和规定着战争的持久性和最后胜利属于中国，而不属于日本。咱慢慢地打，一点一点跟他耗、跟他熬。虽然咱们很痛苦，但是再痛苦也得咬紧牙关，熬过这段艰难的路程，这就是敌强我弱形势下转变的枢纽。

毛泽东这一篇文章震惊全国。文章中提到的一种哲辩思想，不也是印证了老子的这种“飘风不终朝，骤雨不终日”的思想吗？你别看日本侵略者猖狂得要命，他后面没有什么后续力量，等到把前三斧子砍完，后面他就该失败了。

【经典原文】

飘风[1]不终朝，骤雨不终日。

——《道德经》第二十三章

【字词注释】

①飘风：暴风。

【参考译文】

暴风刮不完一个早晨就会停息，骤雨下不了一天就会结束。

19

塞翁失马，焉知非福

祸兮福之所倚，福兮祸之所伏。

《淮南子·人间训》中，广泛论述了人类社会中的福祸、成败、得失、利害、损誉、取予等各种矛盾的辩证关系。其中特别强调了矛盾双方的互相转化，里面的一句话我认为就是老子“祸兮福之所倚，福兮祸之所伏”这句话的最好诠释：“夫祸之来也，人自生之。福之来也，人自成之。祸与福同门，利与害为邻，非神圣人，莫之能分。”就说福祸同门，利害是邻居。所以不是神仙圣人的一般人，很难分辨什么是福，哪个是祸。

有很多的时候，这祸是披着福的外衣过来的，那怎么理解？比如说，我们经常看到：某某贪官被抓了，党中央又打了一只大老虎。那对于这些贪官大老虎来说，别人给他们送的贿赂，那不就是一种祸嘛。但开始对他们来说，他们觉得没人看见，本来我这月工资五千块钱，但我可以利用职务之便，利用我手中权力，从别人兜里再挣点钱，这对我来说不是改善生活吗？而且我要吃的有吃的，要喝的有喝的，这些人全都敬着我，我房子买很多，车子买很多，我爱怎么的就怎么的，这不是我的福气吗？到头来，东窗事发，你原来有多大福气，你现在就要受多大罪，去判你刑的时候，你那些收的贿赂的数额就成为衡量你罪过的标准，你越收得多，判得越重。收得越少，判得越轻。也就是说过去的福越多，你现在的祸越多，过去的福越少，你现在的祸越少。这不是披着福衣的祸吗？

那也有披着祸衣的福吗？有啊。我们经常说吃亏是福，有的时候你觉得，我这件事儿吃亏了，我太老实了，我怎么就不会耍心眼，就没人家那么聪明呢？你先别悲观，弄不巧，你这吃亏却是一个福分了。最著名的一则反映这个道理的故事就是我们熟知的“塞翁失马”。

说古时候，在北方边塞，有一户人家。有这么一天，他们家的马无缘无故丢了，找不到了。邻居一听，你看人家丢了一匹马，这也是不老少的财产啊，人家心里不知道得多伤心，赶紧来安慰安慰这家人吧。

这家有个老者一听：“行了，丢了就丢了吧，你怎么知道，这不是件好事呢？”

“啊？”邻居一听，“丢匹马还是好事了？”

没想到过了几个月之后，他家的马又回来了，老马识途。闹了半天这匹马从他们家跑到塞外胡人的地方去了，到了胡人的地方，人家这匹马还在那里找了一匹骏马，人家谈起对象来了。结果谈完对象之后，人家回家探亲，拐着它的对象一起回家来了。这下子，等于又多了一匹马，而且是胡马，那要比内陆之马强多了。

“呦，”邻居家一听，“你看看，还是人家老人家说得对，丢马时，人家说：你们怎么知道不是福分呢？你看，真是福事了，赶紧去道贺吧。”纷纷前来道贺。

结果老头一听，还是很平静，摆摆手：“不算什么，你们怎么知道，这不是一件祸事呢？”

“这……白得一匹马，怎么成祸事了呢？”

结果，没过多久，老头的儿子就骑着这匹胡马去野外打猎，结果胡马还没驯服，一个蹶子尥起来，就把这老头儿子掀翻在马下，“咣叽”一下子把腿给摔断了，摔瘸了。

邻居一听：“你看看，人家腿摔瘸了，赶紧看看去吧。”又过来安慰。

老头还那样：“这也未必不是一件好事。”

“啊？”邻居一听，“你儿子腿都摔瘸了，怎么会是好事呢？”

结果一年之后，胡人侵略，打过来了。内地官府着急了，赶紧征兵，所有青壮年，只要身体没毛病的，都得给我从军打仗。官府下令谁敢不从？结果这附近的青壮年十之八九全被征过去打仗了，而且这么一开战，十之八九战死沙场，有些人甚至连尸首都没找到。唯独老头他儿子，因为腿被摔断了，摔瘸了，人家不要他："你这种人，就别当兵了。"这么一来，虽然摔断了腿，但保得活命，这不就是"祸兮福之所倚，福兮祸之所伏"嘛。这句话也是《道德经》里面流传最广、最富有哲理思辨的一句话，

所以，可见福祸转化就像黑夜和白天互相交替似的。遇到了祸事了，大家不要悲观，往往危机里面存在着机遇；如果说我得意了，我来了福事，也不要得意忘形，有句话常常等着你，那叫"乐极生悲"。所以，我们要始终保持平和的心态，保持平常之心，从容地来迎接我们在一生当中所遇到的福气和祸事、顺境和逆境。

【经典原文】

祸兮福之所倚，福兮祸之所伏。

——《道德经》第五十八章

【参考译文】

祸啊，福依傍在它里面；福啊，祸蕴藏在其中。

20

扁鹊三兄弟治病

其安易持，其未兆易谋，其脆易泮，

其微易散，为之于未有，治之于未乱。

扁鹊是战国时期有名的大医学家，其实他本名叫秦越人，是齐国渤海卢人，就是今天的济南市长清区人。由于这位秦越人医术高明、周游列国、救死扶伤，为老百姓治了很多的疾病，所以老百姓给他送了个绰号，叫“扁鹊”。传说这个扁鹊就是轩辕黄帝时代的一位名医，久而久之，就没人叫他秦越人的名字了，都叫他扁鹊。

这个扁鹊的医术非常高明。这位问了：“他主攻哪一科啊？”

“综合科。”

“怎么叫综合科呢？”

什么都治，什么内科、外科、消化科、儿科、妇科、神经科，没有他不会的，没有他治不了的。

您看他什么病都治，但是扁鹊说了：“有六种人我不给看！”

哪六种人呢？一是依仗权势、骄横跋扈的人不治；二是贪图钱财、不顾性命的人不治；三是暴饮暴食、饮食无常的人不治；四是病情已深、不早求医的不治；五是身体虚弱、不能服药的不治；六是相信巫术、不相信医道的不治。

那这里面就有一种人，那就是病深，不早求医的。我们就有很多人这样，觉得有个发烧感冒的没什么事，哪个地方疼一点，哪地方痒一点不在意，不早日去看医生。什么时候看医生了，坏了，都到晚期了，成绝症了，又到处求医问药。人家医生一看说：“你这病够呛，不能治了。”还不乐意：“你怎么说话呢？你会治不会治？”有的甚至施以暴力。那关人家什么事，谁让你不早治呢？

人家扁鹊在当时对这种人，也不治，这就是老子所说的“其安易持，其未兆易谋，其脆易泮，其微易散，为之于未有，治之于未乱”。你都病入膏肓了，我怎么给你治？

可以说扁鹊在当时就是中国医学界的权威专家，经常被各国领导人请到王宫中给他们看病，无论哪国国君对扁鹊都是非常尊敬。

有一次，扁鹊来到魏国，被魏国国君魏文侯请到了宫中，给宫里的嫔妃、王子，包括魏文侯自己做了一次全面的体检。有病的治病，无病的告知如何保养。总之，扁鹊治好了王宫中所有得病人的病，魏文侯十分高兴，对扁鹊也十分感谢，吩咐下去：“布宴，寡人要好好地款待扁鹊先生，以报医病之恩。”

国君旨意传下，内侍人员忙活开了，就置办了一桌丰盛的酒席，魏文侯和满朝文武陪着扁鹊，宴请扁鹊。酒席宴上，大家频频向扁鹊敬酒，都称赞扁鹊的医术。

酒过三巡，魏文侯就问了："啊，先生。"

"国君。"

"敢问先生弟兄几人？"

"小人兄弟三人，我行三，还有两位兄长。"

"不知尊兄都以何营生？"都做什么工作的？

"禀国君，我们弟兄三人皆以医为生。"我们都是当医生的。

"难怪先生医术如此高明，原来是名医世家。"

"国君过奖了。"

"既然先生兄弟三人都是行医之人，那恕寡人冒昧了，不知先生兄弟三人，哪位医术最为高明？"

"启禀国君，要论医术最高明者，乃是我的大哥，其次是我的二哥。论起来，我的医术是最差的。"

扁鹊这么一说，不仅魏文侯觉得奇怪，就连在场的文武百官都非常诧异。魏文侯就问了："先生，您是不是太客气了？既然先生的医术最差，那为何先生最为知名？普天之下都知道有先生，可不知道有令兄？"

"哈哈哈，"扁鹊乐了，"国君容禀。我大哥治病，是治病于未发之前。这病人还看不出有什么病呢，我大哥就把潜在的病根很容易地给他去除了。所以一般人都看不出来我大哥有什么能耐，治了什么病，自然他就没什么名气。再说我二哥治病，病人的病刚刚起来，我二哥就能发现，治病于初起之时。一般人还以为他只能治一些轻微的小病，所以他的名气只传于乡里，就在我们那一片有名。而我呢，病未发之时，我看不出来，刚开始发病的病人又不找我治，往往是一些病发展到了危及生命的病人，才来找我治病，有些我费了很大的劲，把他们起死回生了，所以大家都认为我的医术非常高明，名气因此响遍全国。但要论医术，我根本不能和我那两位兄长相比。”

魏文侯听到扁鹊这一番高论之后，非常感慨。他看了看在场的文武群臣：“各位爱卿，扁鹊先生的话何止是在说医人，那分明是医国之道。在我们国家，还存在着很多祸害老百姓、危害国家的贪官污吏，我们日日打、年年抓，每每都把眼光放在了那些大贪、巨贪的身上。殊不知‘千里之堤，溃于蚁穴’。我们为什么非得要到了大堤濒临崩溃的时候，才去修堤灭蚁呢？我应该防患于未然，防微杜渐。我们在抓贪官污吏、反腐打老虎的时候，更要加大预防力度，要像扁鹊的大哥那样，治病于未发之前。发现一些官吏有苗头性问题，就要像扁鹊的二哥那样，治病于初起之时，早打招呼，改了就好。对那些腐败分子、大贪巨贪，我们也绝不手软，要像扁鹊那样，动手术、下猛药，严肃查处，坚决清除这些害国殃民的蠹虫！”

这正是，上工治未病，防范为第一。反腐下猛药，天下清平矣！

【经典原文】

其安易持，其未兆易谋，其脆易泮[①]，其微易散，为之于未有，治之于未乱。

——《道德经》第六十四章

【字词注释】

① 泮（pàn）：通“判”，破开。

【参考译文】

局面安稳时容易持守，事变没有兆头时容易图谋。事物脆弱时容易破开，事物细微时容易散失。要在事物没有发生以前就早做准备，要在祸乱没有产生以前就处理妥当。

21

齿亡舌存

强梁者不得其死。

“强梁者不得其死”这句话其实不是老子最早说的，是老子引用别人的话。引用谁的话呢？在周朝的时候，周朝太庙（周王祭祀先祖的祖宗牌位庙）的台阶右边立着一个铜像，这个铜像三缄其口，就是嘴被贴了好几道封符，不允许铜像说话。但是铜像背后，刻了很长一段文字，这段文字被后人称之为《金人铭》。那是我国重点文献，《金人铭》其实说白了就是最早的座右铭，为什么在台阶右边呢？座右铭写的都是警示语言，让这些为王的看到这些警示语言，能够好好地治国，能够对自己有一些警示作用。

那我们知道老子他当年是周朝的国家图书馆馆长，对周朝的文献典籍是非常的熟悉，想当年孔子来到东周洛阳的时候，专程去拜望过老子，就是想跟老子学习周礼。因为孔子知道这位周朝的图书馆馆长最明白周礼了。可惜老子对礼特别不重视，根本就没告诉孔子，但是老子对这《金人铭》特别重视，跟别人说话的时候，信口拈来，这才有“人之所教，我亦教人”——人家这么告诉我的，我就这么告诉你，老祖宗传下来的，我也把它传给你们。传给你们什么？一句至理名言，“强梁者不得其死”。就说那些飞扬跋扈的，那些强横霸道的人没有好结果，不得好死。你放心吧，别看现在闹得欢，将来叫他们拉清单，就是这意思。

《金人铭》原文很长，其中有两句话，上面一句就是这句——强梁者不得其死，下一句是“好胜者必遇其敌”。就是说那些争强好胜之人，最终一定会碰到死对手，会碰到死敌的。

老子的哲学是示弱哲学、从下哲学，老子贵柔，讲究以柔克刚。所以，老子认为至刚至强的都是最容易失败的，最容易倒霉的，比如说参天大树，别看这树那么高、那么壮，别刮大风，一阵大风吹来，“咔嚓”最先刮折的，就是最高的树。但是你看小草平常不显眼，柔柔弱弱，趴在地上，“呱叽”一脚丫子下去，把这小草就能踩扁乎了。但是你走过去时间不长，它又挺直身板了。刮再大的风，也没听说把草连根拔起的，但是高大树木往往会连根拔起。这叫什么呢？木秀于林，风必摧之。越坚硬的东西，越强梁的东西，往往最先折断，往往最先灭亡。

传说老子的师父叫常枞，也有说老子的老师是商容，反正甭管是谁，我们暂且就说是常枞。

说有一回，老子去见常枞。常枞年岁太大了，就张开了自已的嘴，问弟子，说："你瞧瞧，我这舌头还有吗？"

老子一看："当然有了，老师，您的舌头还在呢。"

"那你再看看我的牙还有吗？"

老子一听这音儿，甭看，"您这牙早没了，都掉完了"。

常枞说话了："你知道我这是什么意思吗？我给你看我嘴里最坚硬的牙没了，但是我嘴里最软弱的舌头还存在。这是什么意思？"

老子多聪明，当时就说了："夫舌之存也，岂非以其柔耶？齿之亡也，岂非以其刚耶？"是说难道说这舌头它存在，就是因为它柔弱吗？牙齿它早早地就掉完了，就是因为它太刚强了吗？

常枞一听，说了："嘻，是已。""嘻"就表示他乐了。没错，你这孩子太聪明了。"天下之事尽矣，何以复语子哉！"就说我这个道理，包含了天下所有的道理，我就不必再对你多说什么了。你太聪明了，你已经学会了我所有思想了，我没有什么再告诉你的了。

【经典原文】

强梁者不得其死。

——《道德经》第四十二章

【参考译文】

强梁之人不得好死。

22

吴起吮脓与漂母饭信

上德不德，是以有德；下德不失德，是以无德。

在蒲松龄著名的短篇小说集《聊斋志异》里面，有一篇叫《考城隍》。小说中间有一句话，说的是："有意为善，虽善不赏；无意为恶，虽恶不罚。"其实这句话的意思，就对老子"上德不德，下德不失德"这句话的一种注解。

有心为善，那就是有心为德，这就叫"不德"。你带着一种功利心、一种目的去提高你的道德，去表现你的道德，去做好事，你这其实就没有道德可言了。你这叫沽名钓誉，充其量叫"下善"，或者叫"下德"，是低级的善，低级的德，是假善、假德，甚至是无善、无德。那真正的道德，有道德的是"上德不德"。道德高尚之人，人家都是自然而然、发自内心地去行善、去积德。人家不是这种表面形式的——我们花钱买一群鱼，我们去放生吧，也不管这河里生态平衡，呼啦！把这一筐鱼全倒河里了，结果导致整条河生态严重失衡，这叫德吗？这叫“不德”。那比如有一些人助人为乐，但是不留姓名，这种就叫“上德”。说我也助人为乐，但是别人如果不回报我，我就骂别人，我就觉得别人对不起我，你这叫“下德”。当然了，下德也比没德强，如果看到别人有困难了，不去帮，这就是无德了。

在中国历史上，有很多的军事家，跟孙子齐名的有一个人叫吴起。这吴起足智多谋、善于用兵，而且这个人特别善于统兵，只要跟着他的士卒，没有不给他卖命的。所以他能够百战百胜。那为什么这些士卒们都跟他卖命呢？他对待士卒太好了，他对待士卒平易近人，跟这些士卒同衣同食，穿一样的衣服，吃一样的饭。卧不设席，行不骑乘，什么意思呢？就是人家吴起，别看是大将军，睡觉不设席子，跟当时的士卒一样，就席地而眠。那打仗走路，人家不骑马，人家不乘车，跟着普通士卒一样，扛着行李、扛着刀枪、扛着自己的口粮，跟士卒共分劳苦。这都不算什么，要是有当兵的突然间起疮了，哪个地方发炎了、流脓了，再看吴起，过去就抓住士卒，就亲自用嘴去帮这士卒把那脓液给嘬出来。那位说：恶心不恶心？正因为恶心，没别人干，人家吴起能干。你说说一个大将军，给一个最下层的士卒吮脓。那大家能不给他卖命吗？

有一次，又有一个士卒生疮了，吴起照样过去，给这个士卒吮脓。

结果这个消息被这士卒的母亲给知道了。老太太一听，顿时泪流满目，放声大哭。旁边人都纳闷，说："老太太你哭什么呢？你的儿子是个普通士兵，人家吴将军亲自给你儿子吮脓，对你儿子那么好，你哭什么呀？"

"你们哪知道，想当年我丈夫，就是我这儿子的父亲，他也在吴将军帐下当一员士兵，有一次他也生疮了，吴将军也是这样，亲自给我这丈夫吮脓，结果把我丈夫感动坏了，在沙场之上奋力杀敌，最后战死沙场。现在吴将军又给我儿子吮脓，看来我儿子这条命也得卖给他呀。我能不哭吗？"

所以，你看看吴起他为什么对士卒那么好，还亲自地为士卒吮脓？不是说他真的真心行好，而是为了让士卒对他感恩戴德、感恩图报，这样在沙场上才能够为他卖命，这就叫"下德"。当然了，话说回来，吴起能做到这种"下德"，那也是难能可贵的，翻开历史看看，有几个将军能够与士兵同甘共苦的？所以王老师说了，"下德"也是"德"，比无德那强多了。

我们再举一个"上德不德"的例子。咱们又举到韩信了。这个韩信出身于一个落魄的贵族家庭，到他这一辈上，就已经沦落成一个市井流浪儿了。当不了官，也没有钱，天天的就到处混饭吃。有一天，他在城外钓鱼，就有很多的老妈妈在那里给别人或给自己漂洗衣物，被称为漂母。因为这些漂母一洗衣服就很多，往往是午饭就得在河边吃，她们都带着午饭呢。韩信这一天也没钓到什么鱼，饿得肚子咕咕直叫唤。没饭吃，看着老妈妈在那儿吃饭，韩信直咽口水。这老妈妈一看："孩子，你是不是饿了？拿去吧，你吃吧。”就把自己的饭让给韩信吃，韩信高兴坏了，接过来狼吞虎咽，一会儿工夫吃完了。

转过天来，韩信又来了，到吃饭的时候，还是没饭吃，又看着这位好心的漂母，这位漂母一看：“孩子，你是不是又没饭吃了？拿去吧，吃吧。”

“哎哎，好。”韩信又端过来又吃。

就这么着过了数十天，这韩信每天就白吃这漂母施舍给他的饭，最后吃得韩信都不好意思了。有一天韩信又吃完漂母的饭，把嘴一擦。韩信说了：“老妈妈，您放心，等我发迹了，我一定重重报答于您。”

哪知道漂母一听，当时把脸就撂下来了，生气了，眉毛一挑：“我说你这个小伙子，你也是个男子汉大丈夫，你天天在这里白吃白喝，不能够自己挣钱养活自己。我这是可怜你呀，才给你饭吃。我哪是图你的回报呀，你回报得了吗你？”我要图你回报，我给你饭吃？这是言下之意，她没说，但就这个意思。

这番话说得韩信脸面通红。从此之后，这才发奋图强，一步一步地走向了大将军之位。你看像漂母这样的，不图回报，就是出于慈母的爱心施舍给韩信饭吃，这就叫“上德”，上德不德呀。

【经典原文】

上德不德，是以有德；下德不失德，是以无德。

——《道德经》第三十八章

【参考译文】

上德的人不自恃有德，这叫真有德；下德之人刻意求德，所以没有达到德。

23

纪昌学箭

合抱之木，生于毫末；九层之台，
起于累土；千里之行，始于足下。

在春秋战国时期，有一个人叫纪昌，这个人特别喜欢射箭，于是就拜了一位射箭高手飞卫来教自己学射箭。那飞卫说了："你要学射箭，你得先练基本功。"

"这基本功我得练几年？"

"练几年？没有四五年，你练不好这基本功。"

"那好，我就练吧，那怎么练呢？"

"首先你先要学会不眨眼睛。"

"不眨眼睛，这不好练嘛。"

"好练哪？你试一试呀。"

瞪着眼睛不眨，一会儿工夫满脸流泪，这得练功。怎么练呢？就回去仰卧在自己妻子的织布机底下，瞪着眼睛就观察这个

织布机上那飞梭左右穿行，“唰！唰！唰——”以此练习不眨眼。就趴在织布机下练这个不眨眼，就练了两年。

两年之后练成了！练成什么了？你就是拿针奔他眼刺过去，刺到眼眶了，人家纪昌的眼都不眨一眨。

飞卫特别满意。“你第一步练成了，现在你要练第二步。”

“第二步是什么呢？”

“第二步就是视小如大，视微如著。”什么叫视小如大？就是说你这个眼睛得有放大镜的功能，给你一个针尖，你能看成一个棍棒那么粗，这就行了。

纪昌为了练这个功夫，就抓了一只虱子，用一根牛尾巴的长毛给系上，然后挂在窗户上了。每天面冲南，就盯这个虱子，这个虱子就在这纪昌眼睛当中是一天比一天大，一天比一天大。过了三年，虱子在这纪昌眼睛里面，就变得像车轮那么大，再看其他东西了不得了，你想想虱子都跟车轮那么大，你要看馒头呢？馒头还不像高山那么大呀。所以再拿起弓箭，对准虱子，一箭射过去。这箭穿虱心，把这虱子给穿透了，但是牛毛不断。

此时纪昌这个箭术，不用学就已经练成了，终于成功了。

你想想纪昌学箭，前前后后光这练习基本功就花了五年。他自己受过多少罪，出过多少力，流过多少汗，受过多少苦，只有他自己知道。纪昌就是从基础做起，一步一个脚印踏踏实实，不怕时间长，不怕苦，慢慢地，一步一步地最终走向了成功。

【经典原文】

合抱之木，生于毫末[①]；九层之台，起于累土[②]；千里之行，始于足下。

——《道德经》第六十四章

【字词注释】

① 毫末：细小的萌芽。

② 累土：堆土。

【参考译文】

合抱粗的大树，从细小的萌芽长起；九层的高台，从每一堆泥土垒起；千里的远行，始于脚下的第一步。

24

孙叔敖诫子与画蛇添足

物或损之而益，或益之而损。

“或损之而益，或益之而损”，这句话可能很多朋友听着都别扭。怎么呢？为什么损害你了，你反倒是得利益了。而又为什么说你补益这个东西了，反倒是受害了呢？这就是个辩证法。从咱们的中医角度上，就很容易解释这句话，我们的中医认为我们身上要阴阳平衡，所有的都处于一个平衡状态，这就叫健康。

就拿咱们现在的生活来说吧，其实每个家庭从吃上、从穿上，都已经足够足够咱们孩子正常的健康发展了，那比起过去那太好了，根本不愁营养不良。但是，往往我们现在的家长就怕孩子吃不好、没营养，就怕孩子缺少这个维生素、缺少那个维生素。怎么办呢？给孩子补吧，又买这种补品，又喝那种补液，结果没病的人愣给补病了，营养过剩，鼻子出血了，头晕眼花了，吃成肥胖症了，这不是无病找病吗？这不就是“益之而损”吗？

那说我已经补过头了怎么办呢？你要找中医，中医讲究实则泻之，既然你补过头了，我就给你泻泻吧，你身上垃圾太多了，我得给你泻一泻，损一损，这么一损反倒是这个人健康了，这不就是“损之而益”吗？

话说春秋五霸之一的楚庄王有个贤国相叫孙叔敖。孙叔敖辅佐楚庄王，打败了一直称霸的晋国。楚庄王特别高兴，就想封赏这孙叔敖。但是甭管赏赐什么东西，孙叔敖都是坚持不要：“臣的功劳没那么大，您有这些东西还是赏赐给其他有功劳的臣子将领吧，我不要。”

到后来孙叔敖得病了，这病情越来越重，卧床不起，眼看着病入膏肓，是奄奄一息。临死前孙叔敖把自己的儿子叫到近前，就对儿子说了：“大王曾经想封给我一块广阔富庶的土地，但是我一直坚持没要。我要是死了，他肯定会追念我的功劳，一定还会把这一块广阔富庶的土地封给你，你要记住，你一定不要接受这块封地。如果大王非得让你要一块土地的话，我告诉你，在楚越交界处有个地方叫寝丘，土地非常贫瘠，简直就是盐碱地，没有人愿意去种。如果大王非要封给你土地，你实在推辞不掉，就把这块地要下来。为什么呢？楚国人讲究鬼神，越国人讲究吉祥，谁都不愿意去争夺这块土地，他们认为这是一块不祥之地，所以它才能够长久保有，你记住了吗？”

“我记住了。”

孙叔敖吩咐完毕之后，眼一闭，死了。

他死后，楚庄王果然念及孙叔敖的功劳——那么大功劳，生前我给什么，你都不要，那哪行？我要加封你的后代。于是，就把孙叔敖的儿子召到近前，说："你看吧，我准备给你这么这么这么这么多的土地，都是富饶丰美的地方，你选一个吧。"

开始孙叔敖的儿子就说："我不要，谢谢大王。"

"不行，你非要不可。你不要，我生气。"

孙叔敖的儿子最后一看，推辞不过，就按照孙叔敖的遗愿："您如果真的要封赏我们土地，干脆，就把楚越交界处的寝丘给我吧。"

"啊？"楚庄王一听寝丘，"那是没人住的地儿，那个地方太贫瘠了。"

"我们就要那个地方。"

楚庄王一看人家就要，有钱难买你乐意："得了，就把寝丘给你了。"于是就把寝丘封赏给了孙叔敖的儿子。

后来情况如何呢？楚国他地方都是你争我夺，加上刀兵战乱不断，为争地盘往往打得血头血脸，很多开始拥有富庶之地的人，都不能够长久定居，不是被杀了，就是被赶跑了。唯独孙叔敖的儿子，人家平平安安。为什么呢？谁也不去夺寝丘这块地儿，那么贫瘠要它干吗呀？所以，寝丘这个地方，一直在孙叔敖他们子孙手里。虽说贫瘠，它多少也产点粮食，那总比没有强吧，这就是"或损之而益"的道理。

"益之而损"呢？也有故事。

有一次，有一群人提议比赛画蛇，谁画得好，谁画得快，谁先喝酒，以画蛇作为酒令，大家都赞同。于是纷纷拿起笔来就开始画蛇。

有个人一转眼的工夫就把这蛇画好了，想伸手拿酒壶，但是用眼这么一瞅，所有人趴那里，撅着屁股还在画哪。

“看来你们画蛇都太慢，干脆我再给我的蛇添几只脚吧，等着你们，我就添完脚你们也画不完。”于是，这位拿起笔来，又给自己画的蛇开始画脚了。

但是没等他把这脚画好，有一个人已经画好蛇了，一把把酒壶夺在手中：“这酒归我了！”

“不对呀，我先画好蛇，你这蛇都没脚呢，你哪能喝酒？”

这夺酒壶的人一咧嘴：“这蛇本来就没脚，所以第一个画好蛇的是我，你那叫‘画蛇添足’。”

你看画蛇添足、多此一举的人，由于这一个增益，结果，损失掉了自己已经到嘴边的那壶酒，这不就是“或益之而损”吗？

【经典原文】

物或损之而益，或益之而损。

——《道德经》第四十二章

【参考译文】

对于一切事物而言，减损它有时反而使它有所增加，增益它有时反而使它有所减少。

25

两个务必

民之从事，常于几成而败之，慎终如始，则无败事。

明朝末年，政治黑暗，民不聊生，闯王李自成率领起义军一路势如破竹。在1644年，当年是中国旧历甲申年，李自成率领起义大军攻下北京，灭掉了明朝。明朝最后一个皇帝崇祯帝也上吊死了。

按说李自成得了北京城，就算差不多得了天下了，你就应该好好地治理国家吧。不！这李自成反倒是恣意享乐起来，忽略了对中原虎视眈眈的东北的满洲人。更有甚者，由于自己都享乐了，所以，对待这明朝官员政策上面，也不顾得正确了还是错误了。结果呢，不仅没能使镇守山海关的辽东总兵吴三桂及时归降，反倒还把吴三桂的美姬给抢了，把他父亲给杀了。结果吴三桂就跟清兵联系起来了，倒戈投靠了清兵，引兵入关。两路大军很快就攻下了北京城，不久就征服了整个中国。

李自成进了北京之后，就当了两天皇帝，贪图享乐、奢侈淫意，失去战斗力了，无奈只得退出北京城，最后战死在湖北九宫山。自己建立的大顺政权昙花一现，浩浩荡荡的农民起义所取得的成果也化为泡影。

到了 1944 年，整整 300 年过后，又是一个甲申年，郭沫若先生为了提醒大家，写下了一篇著名的《甲申三百年祭》。为什么在这个时候写这篇文章呢？

1944 年，当时抗日战争已经由战略相持阶段转入战略反攻了，中国人民正在全力以赴要夺取战争的最后胜利，为了迎接胜利、推动胜利，以史为鉴，前事不忘后事之师。这样，郭沫若才写了这么一篇《甲申三百年祭》，对李自成领导的农民起义的原因、经验、教训做了总结。文章发表之后，立刻就受到了毛泽东和中共中央的重视，毛泽东多次指出，要从李自成起义的历史中吸取经验教训，批示把《甲申三百年祭》作为中国共产党整风的文件之一，在延安和各解放区多次印刷成单行本，产生了很大的影响。毛泽东的意思就是让每一位共产党员来熟悉这段历史，以李自成的失败为借鉴，吸取他的血的教训，切勿因胜而骄，重蹈覆辙。

1949 年 3 月，党中央迁往北京之前，在西柏坡召开了七届二中全会。在会议上毛主席做了重要讲话，说以后要加强共产党的思想建设，中国革命的胜利只是万里长征走完的第一步，以后的路程更长，工作更伟大、更艰巨，全党务必继续保持谦虚谨慎、不骄不躁的作风，务必继续保持艰苦奋斗的作风，要警惕敌人、资产阶级的糖衣炮弹的进攻。

但是尽管共产党主要领导人谆谆告诫，但仍然有很多高级干部腐化堕落，建国之后，不能够善始善终，保持晚节。像后来的天津市市委书记刘青山、市长张子善那就是著名的一例。当时一看这两位贪污堕落，把毛主席气坏了，亲笔批示——枪毙他们，以儆效尤！

【经典原文】

民之从事，常于几成而败之，慎终如始，则无败事。

——《道德经》第六十四章

【参考译文】

一般人做事，常常在快要成功时遭到失败。审慎面对事情的终结，一如事情开始时那样慎重，这样就没有失败的事了。

26

及瓜而代

夫轻诺必寡信，多易必多难。是以圣人犹难之，故终无难矣。

话说春秋时期，齐襄公联合宋、鲁、陈、蔡四个诸侯国，攻打人家卫国，结果卫国被攻陷了。齐襄公就担心当时的周朝天子会派兵来讨伐他——你凭什么打人家卫国！于是齐襄公就派齐国大夫连称作为将军，让管至父作为副将，统领兵马，就在葵丘这个齐国的边疆之地戍守，以防止周王派兵来攻。

可是，葵丘那个地方在当时特别偏远，是齐国的边疆。用咱们现在话来说，鸟不生蛋的地方，不毛之地，把这两个人给派过去了。这两个人不愿去，你想想他们平常在齐国朝廷做大夫、做高官，那多得意！跑到边疆不就等于去受苦吗？但是国君派了，那也不能不去。两个人满心的不太痛快，临行前就请示齐襄公："君上，你也知道戍守边疆非常辛苦，但是您放心，作为您的臣子，对您的话，我们不敢推辞，我们一定完成任务！不过，您看我们去驻守，能不能有个期限呢？我们不能老在边疆待着，是不是有个期限，我们能够回家来探探亲呢？主公，您看看以什么时候为期限呢？”

他们在问齐襄公的时候，这齐襄公正在啃甜瓜，结果齐襄公也没有深思熟虑，当时吃着甜瓜顺口就说了：“什么时候回来？这么着吧，现在呀正是瓜熟季节，等到明年，这瓜熟了，我就派别人把你们替回来！”这就叫“及瓜而代”。说完，继续吃瓜。

这两位将军你看我，我看你。既然君上都说了，明年瓜熟季节咱俩回来，这也就一年工夫，行了，去吧。就这么着，两位将军统兵带队就来到葵丘，在那驻扎戍守。

一眨眼的工夫，一年过去了。一年那么快呀？那可不是吗，常言说得好，唱戏的腿，说书的嘴，再没那么快了，你看舞台上演戏，由打北京到南京，“噔噔噔……”他转一圈到了。还要让这演员动真格地说：我买张高铁票，我从北京到南京。没那工夫！说书也一样，讲故事一笔带过。

一年过去了。就这一年，两位将军在边疆吃的苦、受的罪就甭提了。原来在这国都里头细皮嫩肉的，养尊处优，现在好家伙，成大麦色儿了，全晒黑了，皮儿都晒爆了。

这个时候，正巧有兵卒给这两位将军进献了一筐甜瓜。

“两位将军，这是老乡的甜瓜，刚熟了，我摘了点新鲜的，你们尝尝鲜儿。”

两位将军一看这甜瓜，哎哟！互相看了一眼，都乐了，怎

么呢？“主公答应咱们，一年之后只要甜瓜再熟了，及瓜而代。这下太好了，主公肯定不出几日，就得把你我调回家去。咱们也能跟老婆孩子再次团聚了，都一年了，怪想家里人的。”

“谁说不是呢。”

两位将军看到甜瓜充满了希望，还以为齐襄公会派别人把他们给替换过去，实现去年的承诺。但没想到，一等，齐襄公使者没来，二等，齐襄公的替代令没到，眨眼之间一个月过去了，这齐襄公派人替换两位将军的任命还没有下达，两个人心里头敲鼓了。

“哎？这主公不是说好好的吗，到了今年瓜熟季节，派人来替代我们，这怎么没有派呀？干脆咱派人打听打听去吧。”

于是两位将军就打发心腹来到齐国国都打探情况，这么一打探，回来禀报了，说：“国君早忘了，现在国君跟美人整天寻欢作乐，不理朝政。别说你俩的事了，现在连齐国国政，主公都不怎么理了，你们的事算小事。”

“小事？呵！”这连称、管至父给气坏了。“你这个当国君的，你也忒说话不算数了，明明答应过我们的话，转眼就忘了。你倒好，在国都里面尽享人间荣华富贵，奢侈淫逸，让我们在边疆吃苦受累，用生命保卫你的安全。到了期限，你不兑现诺言，不派人来替代我们，你你你，你简直是欺人太甚！”

那位说了：“将军，您先别发火，估摸着国君太忙了，甭管是玩呀什么的，他也许忙，一年过去了，你们是记得了，他记不住呀，这么着吧，咱提醒提醒国君。”

“怎么提醒？”

“咱给国君进献上一筐成熟的甜瓜。这国君一看到这筐甜瓜，他肯定能够想起来去年的约定，那就会派人把你们替换过去了，这多好。”

“有道理，有道理，有道理。咱先别着急，可能国君忘了，咱给国君提个醒。”

就这么着，连称、管至父差人摘了一筐瓜，专门派人给齐襄公送过去了。使者进献给国君，说：“我们当地的瓜熟了，摘几个给国君您尝尝鲜。”其实就是提醒齐襄公，您应该兑现诺言了。

齐襄公一看这瓜呀，不但没兑现诺言，反而拿起瓜来“啪”一声全扔地上了。怎么了？他生气了。“什么意思？什么意思？给我送瓜，想提醒我兑现去年诺言？呸！你们算什么东西。你别忘了你们是臣，我是君，替代你们不替代你们是我拿主意，是我说了算，你还敢提醒我，还敢来明证暗示？告诉他们，等到明年瓜再熟，我再派人替换他们，让他们再多守一年！”把这使者给骂回来了。

两位将军一听，呵！气得火冒三千丈。“好你个国君，你说话不算数。君不正，就别怪我们臣不忠了！”

于是，这两位就密谋起兵造反，暗地里联络齐国的公子公孙无知，最终发动政变，杀死了齐襄公，拥立公孙无知为新的国君。这不正是老子所说的“轻诺必寡信，多易必多难”吗？

【经典原文】

夫轻[1]诺必寡信，多易必多难。是以圣人犹难之，故终无难矣。

——《道德经》第六十三章

【字词注释】

① 轻：随便、轻易。

【参考译文】

轻易许诺，一定很少能守信。把事情看得太容易，一定会遭遇更多的困难。所以，圣人总是把事情看得很艰难，因此最终却没有什么困难了。

27

欲取必与

将欲歙之，必固张之；将欲弱之，必固强之；将欲废之，必固兴之；将欲取之，必固与之。是谓微明。柔弱胜刚强。鱼不可脱于渊，国之利器不可以示人。

为什么有些人说过，老子道家的思想，一个发展方向就发展成了孙武子那兵家思想了？就因为老子里头有很多的兵家思维，比如今天我们说的这一句，就包含了很多的兵家思维。

咱一段一段说，先说“将欲歙之，必故张之”。就是将要收拢那一定先给他扩张。什么意思呢？打比方说，我们想要和平，但往往你为了达到和平，得先打一仗，没有这场战争，和平不了。有这样的事吗？有，比如朝鲜战争。抗美援朝的时候，咱中国当时是想跟联合国军靠谈判划定势力范围，对不对，大家和平多好？但是美国不干，美国强梁，它是世界老大，它瞧不起中国——跟我们美国人和谈，你们不配！

咱中国一看不配？不配就打！

美国开始觉得，打？打就打，你中国刚建国，一穷二白，你有什么？你称什么？跟我美国打？打得过吗？还别说我背后带了十来国的联合军呢。我一定会消灭你们，跟你们谈？呸！

结果，美国跟中国这么一打，五大战役之后，美国傻眼了，好家伙，这中国人民志愿军太厉害了，要战胜中国军队简直不可能。最后美国没办法，要不咱，咱谈判行吗？你看最后才实现了板门店谈判，和谈吧。那和谈也不是一次就谈完的，谈不拢就打，打完了就继续谈，最后这才签订和谈协议。所以，打仗这不就是为了和谈吗？

那“将欲弱之，必故强之”，这什么意思？比如咱中国历史上最弱的一个朝代莫过于宋朝，整个中国都没统一，北边又有辽又有夏，后来有金有蒙古。总而言之，总有外患，国土面积最小，而且跟少数民族政权打仗，打一次败一次，打一次败一次，败仗打的最多，士兵地位最低。但是，这么一个弱小的宋朝，它坚持了 319 年，成了中国历史上最长的封建朝代了。但反观那个最强的，谁呀？秦，我们知道秦国虎狼之国，最终嬴政统一六国，天下一统了，他自封始皇帝。那大秦王朝的秦兵还了得吗？咱现在看看那兵马俑，一个个的横眉立目，士气高涨，虎狼之师，强大的邪乎。但是，强大起来的秦朝，就开始肆意妄为了，横征暴敛，大兴土木，严刑峻法，压得老百姓痛不欲生，天下老百姓简直没活路了，怎么办？反了吧！不是秦朝那法律很苛刻吗？反正我们不反是死，反也是死，干脆跟你拼了！于是陈胜、吴广在大泽乡揭竿而起，区区数百人手无利刃，也不懂什么兵法韬略，结果一呼而天下应，最后摧枯拉朽，仅仅两年，就把那么强盛的一个秦朝给消灭了。秦朝从强变弱，整个过程也不过区区二十年，所以想要让它弱，就先惯着它强，等强大了，就该折过来变弱了。

所以下一句紧跟着就是"将欲废之，必故兴之"。这说到了唐朝开元盛世。那是中国封建社会的顶峰，天下富足得不得了。结果没出五年，安史之乱就来了。这安史之乱把唐朝给搅和的呀，都城也攻破了，皇帝给打跑了。整个安史之乱期间都城三次被叛军或异族攻破，皇帝三次出逃。安史之乱之后，国家掌握的户口减少了三分之二，甚至有些地方减少了 98%。潼关和虎牢关之间，几百里地就有"编户千余"，就剩一千多户人家了。就那邓州的方城县，天宝年间这个县城有一万多户，结果安史之乱这么一来，结束之后，一数不到二百户。你想想，由一个县就可知整个大唐了。安史之乱一结束，大唐就已经成废唐了，所以"将欲废之，必故兴之"嘛。

"将欲取之，必故与之"，你想夺取他什么，你先给予他什么，这叫"欲擒故纵"。

汉文帝有一个宠臣叫邓通。汉文帝对邓通特别的宠幸，邓通在这整个朝廷里横冲直撞，仗着皇上宠幸自己嘛。有一次碰见一算卦的，算卦的一看："你的面相不好。"

"啊？"邓通一看，"我面相怎么不好？"

"你有饿纹入口，日后必将饿死。"

邓通就把这话给汉文帝说了。汉文帝一听乐了："哎呀，这算卦的话你也信？你怎么可能饿死，我这么宠幸你，你跟着我，我是皇帝，你跟着我你还能饿死啊？饿死谁，也饿不死你呀。你放心，这么着吧，我赐给你一座铜山，打今天开始，你可以自行铸钱。"

什么意思？就这个邓通，国家给了个特权，可以自己在家印"人民币"，就那个意思吧。印钞票，你花一百，你印一百，你说我花一万，你就印十张，就那意思。你可以自己造铜钱，这下你有钱了吧，你饿不死了吧？

没想到，汉文帝死后，继位的汉景帝特别恶心这邓通，一旨令下，把邓通的一切特权和财富全给收回来了。

邓通说："我有一座铜山。"

"铜山是国家的，收回来！"

"我铸了那么多的铜币。"

"那也是国家的，收回来！"

结果，把邓通所有财产全部没收。邓通连晚饭都吃不着了，最后是还真就给活活饿死了，那算卦的算准了。这不就是老天爷要拿取他的财富，就先给他财富吗？

【经典原文】

将欲歙[1]之，必固张之；将欲弱之，必固强之；将欲废之，必固兴之；将欲取之，必固与之。是谓微明[2]。柔弱胜刚强。鱼不可脱于渊，国之利器不可以示人。

——《道德经》第三十六章

【字词注释】

① 歙（xī）：收敛。

② 微明：微而显。

【参考译文】

想要收敛它，必先扩张它；它想要削弱它，必先加强它；它想要废去它，必先抬举它；想要夺取它，必先给予它。这就叫微妙而又显明。柔弱战胜刚强。鱼的生存不可以脱离池渊，国家的刑法政教不可以向人炫耀。

28

南越归汉

大邦者下流，天下之牝，天下之交也。牝常以静胜牡，以静为下。故大邦以下小邦，则取小邦；小邦以下大邦，则取大邦。故或下以取，或下而取。大邦不过欲兼畜人，小邦不过欲入事人。夫两者各得所欲，大者宜为下。

话说西汉初年，开国皇帝汉高祖刘邦去世了，继位的是汉惠帝，就是高祖刘邦的儿子刘盈。但刘盈这个人特别懦弱，大权全落在他母亲吕后吕雉的手里。那吕后是独揽朝权，说一不二。

这个时候，在大汉帝国南端，有一个小国叫南越国。这吕后就想让南越国归服大汉。吕后认为我汉朝上邦大国，你们南越国是南蛮小邦，我大你小。她就想拿大欺小，以强凌弱，逼迫这南越归附大汉。怎么逼迫？我给你进行经济封锁！她就禁止南越在内地的边境市场购买铁器，购买其他的能够制造什么兵刃、钱币这样的物品，把这资源给你断了。

这下子，非但没起到作用，反倒惹恼了南越王赵佗。他勃然大怒：“原来还叫南越王，现在你大汉朝逼迫我这么厉害，我干脆反了，我也别称什么王了，我也叫皇帝！”于是，这赵佗就自称南越武帝，立刻发兵攻打长沙国的边境，就开始打大汉了。一口气，打下了好几个县，掠劫一空，这才撤兵离去。

太后吕雉闻听，赶紧地派将军隆虑侯周灶，统兵带队前去攻打赵佗。结果北方士兵跑南方去打仗，水土不服。周灶率领军队南征，正遇上酷暑季节，闷热潮湿，很多人都得了瘟疫了，得了重病了，上吐下泻，还翻山越岭，根本都过不去，全瘫那儿了。这一下子，南越国那南越武帝赵佗的地位，不但没被削弱，反倒是得到巩固了。汉惠帝在位的时候，就一直没有解决南越和大汉之间的关系。

到了后来，汉惠帝也死了，吕后也死了，刘邦的另外一个儿子继位了，这就是汉文帝。

汉文帝改变策略了，就问人家：“这赵佗原籍是什么地方的？”

“是正定地区的。”

“那他的父母的坟还在正定？”

“还在。”

“那好了，赶紧派人到正定好好地修缮一下赵佗父母的坟墓，然后，在坟墓旁边设置守护的人家，每年按时要为赵佗的父母举行祭祀。”你看，对人家的祖坟保护起来了。

不光如此，汉文帝一打听，赵佗的堂兄弟还在大汉朝，赶紧找过来，立刻加封为高官，还赏赐了他们不少东西。

做完这些事之后，汉文帝还亲笔给赵佗写了一封言辞非常恳切的信。信的开头是这么写的："皇帝谨问南越王甚苦心劳意。朕高皇帝侧室之子，弃外奉北藩于代，道里辽远，壅蔽朴愚，未尝致书。"什么意思？汉文帝不是汉高祖刘邦的嫡长子。什么叫嫡长子？在当时那个年代，只有正妻所生的长子，也就是嫡长子才有资格继承父亲的事业，只有嫡长子才有资格继承皇位。但汉文帝不是，汉文帝是汉高祖刘邦的侧妃生的，打小就被撵到了代国，封为代王。后来，汉高祖刘邦的儿子几乎被吕后全除尽了，没人了，才把他给拎过来当了皇帝。按说当了皇帝，一般人都会美化自己，不会提这个事，甚至历史上有些皇帝并不是太后所生，等到他当了皇帝之后，愣说自己也是太后所生，就给人一种嫡子的这么一个形象。但是汉文帝没有，给这南越王赵佗的信上，丝毫没有隐瞒，没讲究自己的地位，说我这地位很低，而且在北面的代地，路途很远，我这人还比较愚昧，所以过去没给您写信。现在，一些大臣们非得要我做皇帝，我不得不做，没办法，我当了皇帝了，我现在给你封信，咱们和好，是一家人，等等。

汉文帝把自己的姿态、身份放得很低。本来他是大国，是上邦，结果他没有像吕后那样，以大国自居，以上邦自居，反倒是以大国甘居小国之下，用一种卑下的这个态度，最终感动了赵佗，让赵佗心悦诚服。最后赵佗说了："我呀，我这帝号也不要了，我仍称南越王，从此往后，我归附汉朝。”

一直到汉景帝的时候，赵佗都向汉朝称臣，而且每年春秋两季，都会派人到长安，朝见汉朝皇帝，就像诸侯王一样，接受汉朝皇帝的命令。这么一来，岭南也省去了刀兵之苦。

【经典原文】

大邦者下流，天下之牝，天下之交也。牝[1]常以静胜牡[2]，以静为下。故大邦以下小邦，则取小邦；小邦以下大邦，则取大邦。故或下以取，或下而取。大邦不过欲兼畜人，小邦不过欲入事人。夫两者各得所欲，大者宜为下。

——《道德经》第六十一章

【字词注释】

① 牝（pìn）：雌性的鸟或兽，与“牡”相对。

② 牡：雄性的鸟或兽，与“牝”相对。

【参考译文】

大国要像居于江河下游那样，处在天下雌柔的位置，是天下百川河流交汇在这里。雌柔常以安静守定而胜过雄强，这是因为它居于柔下的缘故。所以，大国对小国谦下，就可以取得小国的信任和依赖；小国对大国谦下忍让，就可以见容于大国。所以，或者大国对小国谦让而取得小国的信任，或者小国对大国谦让而见容于大国。大国不要过分想聚养小国，小国不要过分想顺从大国。这样，两方面各得所欲求的，大国特别应该谦下。

29

朱升的九字真言

我有三宝，持而保之：一曰慈，二曰俭，三曰不敢为天下先。
慈，故能勇；俭，故能广；不敢为天下先，故能成器长。
今舍慈且勇，舍俭且广，舍后且先，死矣。夫慈，以战则胜，
以守则固。天将救之，以慈卫之。

过去有些人认为老子提倡“不敢为天下先”，正说明这老子他不创新，他落后，思想一直不往前冲。其实并不是那意思。“不敢为天下先”翻译成俗语，那就是：什么事，我都不争，遇事谦让，我不跟你争座次，不跟你比高低，我把第一永远让给你，我宁肯排在最后，这就叫“不敢为天下先”。

正如同老子经常说的那样，“无为而无不为”，我这种“无为”，这种“不为天下先”，恰恰是有为，是为了最终成为天下先，曲且直，我绕道，我当天下先。但是，我开始不能够做天下先，为什么？有句俗话说得好，“枪打出头鸟，出头的椽子先烂”，

就是这个道理。不信，我们可以纵观中国的历史，那些农民起义军有很多的领袖都是刚刚起义不久，就急于称王称霸——我当两天皇帝试试，结果头脑一热，称王称霸了，过早把自己放到了大家的箭靶子中心，最后导致内部分裂，将领不服从命令，然后敌人也纷纷攻之。最先称王的往往最倒霉，最先失败。中国历史上第一次农民起义就是如此。

第一次农民起义就是陈胜吴广的大泽乡起义。这陈胜刚一起义，没过多久，就要称王。手底下的张耳、陈余，一个劲地劝陈胜："你先别称王，不着这一时之急，你看天底下还有那些六国的后人，他们都非常着急。你把这王就让给他们先称，他们一称王，这秦朝肯定不干，秦朝一不干，就得发兵打他们，这么一来，就把秦朝的兵马给分散了。咱不称王，咱不为天下先，咱就趁着秦朝打他们的时候，咱引兵西进，占领咸阳。等到占领咸阳，灭掉秦朝了，那咱就成为天下老大了。到那个时候，咱再以德压服诸侯。最终咱不就成为天下先了吗？你现在着什么急呢？"

"不行！"陈胜说，"我非得要称王。"于是陈胜不听张耳、陈余他们的意见，执意自立为张楚王。结果，这个张楚王大旗打起来，秦朝一看，这小子敢称王，一泥腿子也敢称王？揍他！那个时候，秦军力量还很强大，集中兵力，很轻松地就把陈胜打败了。陈胜是第一个称王的，也是第一个先败的。

元末农民起义也是这样。红巾军首领刘福通，把一个自称

玫字
真言

是宋徽宗第八代子孙韩山童之子韩林儿立为皇帝。这下子了不得了，把大元朝的军事力量全引来了，揍他！元军全力对付这刘福通的红巾军。结果刘福通倒霉了，自己这点红巾军，几乎在当时独立承受了元军的重压，最后也败了。其他的义军领袖，像什么徐寿辉、张士诚、陈友谅、明玉珍等，这些人也一个个的纷纷建立起自己的政权，纷纷称王称霸，坐上王位了。结果，这么一来，就给自己徒招来了很多的对手，徐寿辉也好，陈友谅也罢，张士诚也罢，先后被杀或被灭。明玉珍还好一点，因为他占据偏远的四川，但是也是偏安一时，等到他死后，他的继承者负隅顽抗，最后没办法抵抗强大的明军，也只好投降了。

那元末农民起义，到底谁最后获胜了呢？我们知道是朱元璋。朱元璋获胜了，建立了大明王朝。那朱元璋他怎么就成功了呢？朱元璋聪明，他采纳了谋士朱升的九字真言。朱升就告诉朱元璋：“你要想成大事，我给你九个字，你一定记住，这九个字叫‘广积粮，高筑墙，缓称王’。”什么意思？“平常没事，你就招兵买马，聚草屯粮，把你的粮仓堆得满满的，别的你先别管；高筑墙，就把你的地盘那城墙垒得高高的，加强防御；缓称王，你别称王，称王有什么用？等到你得了天下，你不称王，别人也会把你推起来。你现在称王，就招来一批敌人。”

朱元璋一听：“对，你这话太对了。”

就这么着，朱元璋一直本着朱升的九字真言“广积粮，高筑墙、缓称王”，不为天下先，最终他就成了天下先了。

【经典原文】

我有三宝，持而保之：一曰慈，二曰俭①，三曰不敢为天下先。慈，故能勇；俭，故能广；不敢为天下先，故能成器长②。今舍慈且③勇，舍俭且广，舍后且先，死矣。夫慈，以战则胜，以守则固。天将救之，以慈卫之。

——《道德经》第六十七章

【字词注释】

① 俭：有而不尽用。

② 器长：万物的首长。

③ 且：取。

【参考译文】

我有三件宝贝，持守而保全着。第一叫慈爱，第二叫俭啬，第三叫不敢居于天下人的前面。慈爱所以能够勇武；俭啬所以能够厚广；不敢居于天下人的前面，所以能成为万物的首长。现在舍弃慈爱而求取勇武，舍弃俭啬而求取宽广；舍弃退让而求取争先，是走向死路！慈爱，用来征战就能胜利，用来守卫就能巩固。老天要救助谁，就用慈爱来护卫他。

30

陶行知的四块糖

不言之教，无为之益，天下希及之。

陶行知是我国著名的大教育家。他在做小学校长的时候，有一天去办事，正经过校园，突然听见有人大喊：“站住，站住……”

陶行知转脸一看，就见有个小男孩拼命地在追赶着另外一个小男孩，满面通红，一脸怒气，一边追一边喊：“站住，你给我站住……”

可前面那个男孩子，“噔噔噔……”跑得比兔子还快。这个男孩追不上，他一着急，看到地上有半拉砖头，一哈腰就捡起来了：“我让你跑……”拿砖头就想砸呀。

这一幕，正被陶行知看见：“住手！”

这一声吓得小男孩一哆嗦，扭脸一看是校长，男孩子赶紧地把头低下了。“吧嗒！”砖头也扔地上了。

陶行知要去办事，只能对这男孩子说："小同学，请你放学之后，立刻来我办公室一趟。"说完，陶行知就走了。

办完了事回来，陶行知在办公室一直办公到放学铃声响过。这个时候，房门被人敲响了。

"进来。"

就见一个人低着脑袋，从门缝中慢慢挤了进来。陶行知一看，正是下午拿砖头要砸别人的小男孩。陶行知面带微笑，冲他招了招手："来来来，过来过来……"

小男孩低着脑袋，怯生生地挪到了陶行知面前。

就见陶行知校长没说别的，伸手拉开了抽屉，从里面拿出来一块糖来："小同学，咱们今天下午约好，放学后你来我办公室。你按时来了，这说明你是一个诚实守信的好孩子。来，为了你的诚信，我奖你一块糖！"说着，拉起小男孩的手，把这块糖就塞在了他的手心里。

"我……"小男孩傻了："校长，我……"

"今天你要拿砖头砸其他同学，老师制止了你，你看到老师之后，就立刻扔掉了砖头。这说明，你是一个十分尊敬师长的好孩子，来！"陶行知往抽屉里又一伸手："为了你的礼貌，我再奖你一块糖！"又拿出一块糖，塞在小男孩手里了。

小男孩这个时候满脸通红，手足无措了。

陶行知又说："今天这件事，老师我了解了一下情况。原来那个男孩子欺负一名女同学，是你挺身而出，抱打不平。这说明你是一个有正义感的好孩子，来！为了你的正义，再奖你一块糖！”说着又拿出一块糖，塞在了小男孩手心里。

“我……”小男孩手捧着三块糖，眼泪噼里啪啦落下来了，泣不成声：“校长，我错了，我我不该用砖头砸同学，您批评我吧……”

陶行知仍然一脸慈祥，掏出手帕给小男孩擦了擦眼泪：“你看，你能勇于承认错误，还能够接受批评，说明你是一个知错能改的好孩子，来！为了你的勇敢，我再奖你一块糖！”

【经典原文】

不言之教，无为之益，天下希及之。

——《道德经》第四十三章

【参考译文】

不言的教导，无为的益处，天下很少能够比得上的。

《道德经》名句

10 重为轻根，静为躁君。是以君子终日行不离辎重。虽有荣观，燕处超然。奈何万乘之主，而以身轻天下？轻则失根，躁则失君。 /049

11 持而盈之，不如其已；揣而锐之，不可长保。金玉满堂，莫之能守；富贵而骄，自遗其咎。功遂身退，天之道也。 /055

12 知其荣，守其辱，为天下谷。为天下谷，常德乃足。 /061

13 是以圣人常善救人，故无弃人；常善救物，故无弃物。是谓袭明。 /066

14 将欲取天下而为之，吾见其不得已。天下神器，不可为也，不可执也。为者败之，执者失之。物，或行或随，或嘘或吹，或强或羸，或挫或隳。是以圣人去甚，去奢，去泰。 /071

26 夫轻诺必寡信，多易必多难。是以圣人犹难之，故终无难矣。 /133

27 将欲歙之，必固张之；将欲弱之，必固强之；将欲废之，必固兴之；将欲取之，必固与之。是谓微明。柔弱胜刚强。鱼不可脱于渊，国之利器不可以示人。 /139

28 大邦者下流，天下之牝，天下之交也。牝常以静胜牡，以静为下。故大邦以下小邦，则取小邦；小邦以下大邦，则取大邦。故或下以取，或下而取。大邦不过欲兼畜人，小邦不过欲入事人。夫两者各得所欲，大者宜为下。 /144

29 我有三宝，持而保之：一曰慈，二曰俭，三曰不敢为天下先。慈，故能勇；俭，故能广；不敢为天下先，故能成器长。今舍慈且勇，舍俭且广，舍后且先，死矣。夫慈，以战则胜，以守则固。天将救之，以慈卫之。 /149

30 不言之教，无为之益，天下希及之。 /154